新市民革命入門
社会と関わり「くに」を変えるための公共哲学

長坂寿久

明石書店

はじめに——私たち一人ひとりが社会と関わる「市民」たること

公共性、オランダモデル、リローカリゼーション

「新市民革命入門」などと大それたタイトルになりました。「革命」とは仰々しいいい方ですが、この本は日本が近代国家になった明治以降、現在もなお続いている日本の構造と仕組み（システム）の変革を、市民の力で行っていくことについて書いていますので、「革命」という言葉を使ってもいいのではないかと思っています。

同時に、この本には社会と関わることの必要性に気づいた私たち一人ひとりの市民が、ＮＰＯ（ＮＧＯ）といった市民グループを形成して、日本の社会を変革していくために私たちが陥っている「公共性の欠如」という呪縛からの解放と、これからのビジョン（オランダモデルとリローカリゼーション）を示したいという思いもあります。

他方、革命という言葉にいささかうさん臭さを感じる方には、本書を読んでいただくと、日頃感じている日本の実態への一種の諦めのようなもの、なぜ日本ではお上意識が強過ぎるのか、なぜ市民活動が活発になったとはいえ依然腰が引けたような弱さがあるのか、なぜ社会的問題について話題にしにくいのか、あるいはなぜ市民活動への何ともいえぬ偏見のようなものが残っているのか、ＮＰＯはいい活動をするが時には反社会的なこともする、だから自分としては敬して遠ざけるという態度をいつのまにか

とっているが、こうしたことはなぜなのかがおわかりいただけると思います。

さらには市民活動を一生懸命やっている人にとっては、NPOの会員はなぜ増えないのか、なぜフェアトレード商品は関心を呼びつつあるようなのに売上げはあまり伸びないのか。昔に比べれば、市民活動は各地域でとても活発に行われるようになりましたが、依然として何かが欠落している弱さなどを感じているのではないかと思います。これらがなぜなのかについて、本書がその謎を解くことになるかもしれません。

この本は日本を暮らしやすい、より生きがいのある生き方ができる「くに」にするために、日本の私たちが取り組むべき改革課題について、国際的視点を踏まえて三つの視点から書いています。「公共性」「オランダモデル」「リローカリゼーション（地域回帰）」の三つがキーワードです。

第1章では、日本の市民社会の実情を国際比較の中で紹介しています。ここで紹介する実態は、日本の市民社会力は国際的視野でみるといかに小さいか（弱いか）ということが際立ちます。そんなはずはないと思われる方もいるかもしれませんが、そうなのかと納得される方も多いかと思います。

第2章は、日本の改革のための哲学について書きました。公共哲学です。日本には「公共圏」が明治の近代国家形成以来、政府（＝国家＝公）に乗っ取られています。それによって起こっている歪みは、もはや限界にきていることを紹介しています。「公共圏」がなぜ「公」（政府）に乗っ取られたままでいるのか、そのカラクリを説明しています。政府（公）に乗っ取られた「公共圏」を、私たち市民の手に取り戻すことが、新しい市民革命の第一の目標です。

第3章は、日本の社会・経済システム改革のあり方について紹介しています。二一世紀の民主主義改革モデルとしての「オランダモデル」です。このオランダモデル方式はすでに国際的なスポーツイベントや、日本国内でも災害時の取り組みにおいて経験を積んできていますが、「政府・企業（産業界）・NPO（市民社会団体）」の三者が対等な関係で話し合い運営する新しい国家システムの構築です。政策づくりやプロジェクトづくりの最初の企画段階から市民社会団体が参画するという仕組みをつくるということです。その仕組み（オランダモデル）の構築が第二の目的です。

第4章は、私たちが生活するまちづくりの新しいあり方について、書いています。経済のグローバリゼーションが進めば進むほど生活は豊かになり、平和になるという発想の終焉の時代を迎えていることは多くの人がすでに気づいています。経済のグローバリゼーションは格差を拡大し、地球環境の危機など多くの問題をもたらしています。それを何とか修正するために、国際社会は二〇三〇年までに達成すべきSDGs（持続可能な開発目標）への取り組みを合意しています。

私たちはこれからもグローバリゼーションの中で生きていきますが、グローバリゼーションへ向けた発想ではなく、もう一度私たちが生活する「地域」に目を向け、二〇世紀に置き忘れてきた相互扶助精神とその仕組み（システム）を地域に復活させていくことを通して世界を改革していく視点が必要になっています。つまり、「リローカリゼーション（地域回帰）」への発想の転換が第三の目標です。

日本の改革を、中央政府突破方式で活動していくことは非常に重要なことですが、同時に日本を地域から変えていくこと、地域から公共圏を形成し、オランダモデルをつくり上げていき、地域内循環型経済を取り戻していき、それを次第に日本全国に広げていくというアプローチが、これからますます重要になるでしょう。

日本という「くに」はどうなってしまったのだろうと思っている人は多いと思います。勝ち組・負け組という言葉が日本の価値基準になっているごとく、人々の会話やメディアから聞こえてきます。負け組をつくることを前提として構築されている社会、誰もが人間として尊厳ある存在として認識されず、皆が幸せになることを前提に発想されていない社会であるようです。

他方、こんな日本を何とかしたいと思っている人は多くいます。そう思っている多くの人々は日本の各地域で「市民社会活動」に取り組み、日本の変革に取り組んでいます。

この本は、市民一人ひとりの社会への参画を通して、日本を変革していこうということについての本です。しかし、この本は革命への戦略や戦術については書いてはいません。革命へ向けて、私たちが気づくべき基本的な理念・哲学・ビジョンについて、日本において誰もが共有すべき市民革命への共通理念について書こうとしています。「入門」としたのはそのためです。

私たちが、「公共性」を認識し、「オランダモデル」の構造に近づき、「リローカリゼーション」の視点をもつようになれば、この国ももっと住みやすい、幸せな国になっていくに違いありません。ただ、ここでいうオランダモデルの元祖であるオランダを理想的な国だといっているわけでは全くありません。新しい合意システムとしてのオランダモデルができあがっても、それを機能させるには不断の努力が必要です。日本国憲法第一二条にも、「この憲法が国民に保障する自由及び権利は、国民の不断の努力によって、これを保持しなければならない」、そして「常に公共の福祉のためにこれを利用する責任を負ふ」とあります。私たちが責任を負うべき「公共」という言葉について考えることから市民革命への道は始まります。

私たちは誰も、生きるために忙しく、目の前のことで精一杯です。しかし、今の社会には物を言いたい、何とかならないかとも強く思っているに違いありません。そういう方々が、「私だって社会をつくれるんだ」「私も傍観者ではなくて主体者なんだ」と胸をはれる、希望をもてる、そういう心意気と結びつくような本でありたいと願って書きました。

この本は、市民社会活動（ＮＰＯ活動）の重要性について書いた本なのです。私たちが市民として社会に関わり、グループ（市民社会団体＝ＮＰＯ）をつくって活動する意味は何なのか、そのことについて考えてみようとする本です。私たち一人ひとりがＮＰＯに参加することを通して、日本を改革し、世界を改革していくことにつながる、そのことについて書いているつもりです。

なお、この本では市民社会活動団体のことを「ＮＰＯ」と総称しています。ＮＧＯ（Non-Government Organization／非政府団体）やＣＳＯ（Civil Society Organization／市民社会団体）などと呼ばれることもあります。日本の制度では、いわゆるＮＰＯ法（特定非営利活動促進法）によるＮＰＯ法人がありますが、この他に、公益社団・財団法人、一般社団・財団法人、協同組合、さらに法人化していない任意団体を含めた、市民による活動団体の総称としてＮＰＯを使っています。

私たちは、この日本を、この世界を改革することができます。その改革をするのが、誰であろう、私たち一人ひとりの市民です。そしてその一人ひとりがグループをつくって活動するのがＮＰＯです。私たちは、選挙を通しても、買物を通しても、社会的意識をもつことによって、社会をより良くすることに参加することができます。それ以上に、ＮＰＯに参加することを通じて、この社会をより良くすることに直接関わることになります。社会をより良くすることに参加すること、これほど幸せで楽しいことはありません。

新市民革命入門◇目次

第1章

日本のNPOセクターとチャリティ度

第1節　東日本大震災に「日本人」はどのように反応したか

災害と「諦観」

私たち人間は、世界中の誰もが、自分の住むコミュニティ（地域社会）をより良くしたいと願いつつ生活しています。その願いの心意気の顕在化と実現性の証が市民社会団体（ＮＰＯ）の活動です。では、私たち「日本人」の市民社会意識はどの程度強いものなのでしょうか。国際比較の中でみると、実は私たちは特殊な二つの反応に引き裂かれているかのようです。

それは突然の災害が起こった非常時（災害時）と、日常（平常時）です。三・一一の時もそうでしたが、緊急の大災害が起きた時、私たちの反応／対応は実にすばらしいものがあると感じます。被災者は実に冷静で丁寧な姿勢を示し、「諦観」の域に達しているかのようです。

諦観は、「しかたがないと諦める」というだけの意味ではなく、広辞苑には、「入念にみること」、そして仏教用語として「明らかに真理を観察すること」という意味も記されています。自然の摂理を体験した人々の真理（現実）への受容が、慌てず騒がずの心境として表出され、協調と忍耐の心を淡々とつくり出しているのでしょう。諦観は日本人の人間性の根源的な特質を表しているように思えます。

こうした被災直後の「日本人」の態度をみて、海外のメディアは次のように報じました。[(1)]

①冷静さ、落ち着き：「悲嘆さをこれ見よがしに表現した例は一つもみられなかった。そのため、悲しみそのものが高貴なものとなる」

②威厳、落ち着き：「水や日常食品を買うために行儀よく列をつくり、人に荒々しい言葉を吐いたり、失礼な身振りをしたりしない」

③能力：「例えば、建築技師をみるとよい。建物は地震で倒壊しなかった」

④優雅さ、謙譲：「当面必要なものだけを買い、誰もが何かを買えるようにした」

⑤秩序：「店舗の略奪などはなかった。路上でむやみに警笛を鳴らしたり、先に行く車を追い越そうとすることはなかった。互いを理解し合おうとした」

⑥自己犠牲：「事故のあった原子炉に五〇名の従業員が居残り、海水を注ぐ作業を続けた」

⑦優しさ：「料理屋は価格を引き下げ、警備のないＡＴＭは手付かずであった。丈夫な人たちはか弱い人たちを助けた」

⑧行き届いた訓練：「老人も子どもも、危機に臨んで誰もがどう行動すべきかわきまえており、そ

のとおりに行動した」

⑨マスコミ：「事故報道にあたってはすばらしい自制心を示し、馬鹿げたレポーターはいなかった。冷静な報道だけが行われた」

⑩良心：「店舗が停電になった時に、客は買うつもりで棚から取り上げていたものを元に戻し、静かに店を出た」

こうした震災直後の被災者の方々の態度は、日本のどこでも起きている現象です。そして、同時に起こった日本中からの救援への取り組みはものすごいものがありました。ＮＰＯや個人ボランティアのみならず、企業も自治体（行政）も実に多くの人々が救援・復興に関心をもち、関わろうとし、現地へも向かい、救援活動に参加しました。

とくにＮＰＯセクターのイニシアチブによる災害救援と復興への取り組みは目を見張るものがありました。実際には「目を見張るもの」というレベルを超えた確固とした重要な役割を果たしましたし、果たし続けてきています。

もちろん災害直後の人々の態度について美化し過ぎるのは問題かもしれません。被災者以外の日本人の態度については、その後またたく間に化けの皮が剥がれていったものも一部にありました。被災者が避難所から自宅に帰ると、空調などの機器が盗まれているのに直面することも多かったと聞きました。しかし、被災者たちの対応は毅然とし、諦観あるものだったことは確かですし、膨大なボランティアが全国から駆けつけたのも確かです。

一九九五年の阪神・淡路大震災の時、全国から多くのボランティアが駆けつけたため、この年は「ボランティア元年」と呼ばれています。そしてその後一九九八年末に、市民社会活動を政府がはじめて公認する、いわゆるＮＰＯ法（特定非営利活動促進法）が導入されたため、一九九八年は「ＮＰＯ元年」といわれています。

もちろんそれ以前から、近代以降の明治時代からみても、日本にもボランティアの歴史（昔はセツルメント活動などとも呼ばれていたこともありました）や、市民団体の活動の歴史は多くあり、蓄積されてきていたのですが、メディアは阪神・淡路大震災の時に起こった膨大なボランティアの集結を「ボランティア元年」と呼んだのでした。

そして二〇一一年三月一一日は、ボランティア元年から一六年、ＮＰＯ法導入から一二年を経ていました。この間に日本のＮＰＯセクターが新しい成長を遂げてきたことは確かです。

三・一一大震災の特色は、日本中の多くの市民社会団体（ＮＰＯ）が即座に被災地に駆けつけ、現地に拠点をつくって長期的に取り組む活動を続けたことです。震災と共に直ちにＮＰＯの多様なネットワークが体系的に形成され、有効な役割を担いました。例えば、市民団体は「東日本大震災支援全国ネットワーク」を形成し、現地へ行くボランティア向けに「災害ボランティア・活動ガイドライン」を作成し、ボランティア活動ができる場の探し方から被災地での行動の仕方までの情報を提供していました。

さらに、ＮＰＯは（第3章第2節で述べるように）、自治体（行政）や企業とも協働して実にダイナミックな動きをみせ、災害救援と復興へ大きく貢献してきました。とくに救援段階で行政に代わって被災者への食事の提供や救援物資の配達、津波の浸水で破壊された家財の片づけや泥出しなどの作業を中心的に担ったのは、ＮＰＯとボランティアたちでした。

これらをみていると、今や日本も、この「くに」の運営にはＮＰＯセクターが大きな役割を果たす時代になったと感じられます。こうした緊急時に出合うと、私たちの多くは「他者」や「社会」との絆を求め、私たちの社会を回復し強固にしたいと考えるようになっていると思われます。

平常時の他者観――「敬して遠ざける」

しかし他方、国際比較の中でみると、日本の市民社会団体の活動（ＮＰＯセクター）や、日本人の社会的関心は、先進国の中で最も小さいといっていいほどの状況にあります。これは災害などの緊急時ではなく、「平常時」における私たちの社会との関わり方を示しているといえます。つまり、通常の日々においては、私たちはどうも社会とあまり関わろうとせず、第2章で述べるように社会のことはお上（政府）がやってくれるという姿勢を根強くもっているように感じられます。

三・一一直後ですら、行政やメディアのＮＰＯやボランティアへの姿勢は不思議なものでした。直後は「迷惑ボランティア」という言葉がある意味では意図的にメディアから流されました。ボランティアは素人だから危ない、ボランティアは無責任なところがある、足手まとい、責任の所在があいまい、実態がないなどと形容されたりしました。その結果か、ボランティアの受け入れを地元の人々に限定する自治体も震災直後は多くありました。

行政側には、市民社会活動を〝管理〟しなければならないという思い込みが前提として強固にあります。従って、受け入れのための管理体制がしっかりできるまで、外から勝手にＮＰＯやボランティアにきてもらっては困ると考えがちとなるのです。実際は、それぞれのＮＰＯには独自の専門知識と管理能力・対処能力・調整力があり、自治体（行政）側はＮＰＯを信頼してこれと協働していけばいいのですが、そういった発想は、日本には、少なくとも三・一一以前までは、ほとんど定着していないようでした。

これは行政が市民社会活動の受け入れに不慣れということ以上に、市民社会活動への、私たちの基本的な偏見（あるいは強固な行政依存主義）が依然根強く存在していることを示すものではないかと感じられます。私たちが一般的にもっている市民社会活動団体への偏見は、「いいことをすることもあるが、反社会的で協調性に欠ける団体もある」「わけの分からないものとは関わらないのがいちばん！」と、いわば「敬して遠ざける」傾向がベースにあるからです。

三・一一後はＮＰＯと行政、ＮＰＯと企業の協働が著しく進展しました。大災害の経験を通して、行政の中に、企業や社員の中に、そして日本社会の中にボランティアやＮＰＯへの認識が一層高まり、さらにＮＰＯと行政の間に新しい本質的な信頼関係が構築されるに違いないと期待したくなります。

内閣府が二〇一一年三月一一日の二年後、一三年六月に行った「ＮＰＯ法人に関する世論調査」[2]によると、「日本人」のＮＰＯに対する周知度や期待は大きく向上している姿を読み取ることができます。「社会のニーズや課題に対して、市民自らが自主的に集まって取り組むことは大切だと思うか」という質問に対して、「そう思う」とする者は九一・六％と圧倒的です（「そう思う」五五・九％＋「どちらかといえばそう思う」三五・七％の合計）。ＮＰＯはすっかり周知されているようにみえます。そして「ＮＰＯ法人のことを信頼できるか」という質問には、「信頼できる」とする者は六四・三％にのぼっています。これが三・一一後の新しい日本の姿だと思われます。

しかし残念ながら、その中身をみるといささか腰が引けていることが露わになってきます。「信頼できる」六四・三%の中身は「信頼できる」は一一・四%と少なく、「どちらかといえば信頼できる」が五二・九%と過半を占めています。そして「信頼できない」とする者は二三・四%と意外と依然いるのです（「どちらかといえば信頼できない」一八・四%＋「信頼できない」四・九%）。

さらに「NPO法人が行う活動に参加したいと思うか」という当事者意識に関しての質問には、「思う」と答えたのは一七・五%と低く、「思わない」が七一・六%と圧倒的なことに驚かされます。活動に参加したいと思わない理由は、「参加する時間がないから」四三・六%、「参加する機会がないから」二九・九%、「関心がないから」二四・一%となっています。

またNPOへの寄付については、寄付をしたいと「思う」と答えた者は二三・二%と低く、「思わない」は三分の二近く（六二・四%）と高くなっています。三・一一後は、NPOへの周知度や信頼度は高まったものの、直接的な関わりは、やはり「敬して遠ざける」という感覚が、後述のように依然根強く残ったままのようです。

第2節　日本のNPOセクターはなぜ欧米先進国に比べ小さいのか

日本のNPOセクターの大きさ

NPOセクターの国際比較に関する学術的調査[3]によると、図1及び図2のように、日本は欧米先進国に比べ相当小さいものとなっています。この調査はジョンズ・ホプキンス大学のレスター・サラモン教

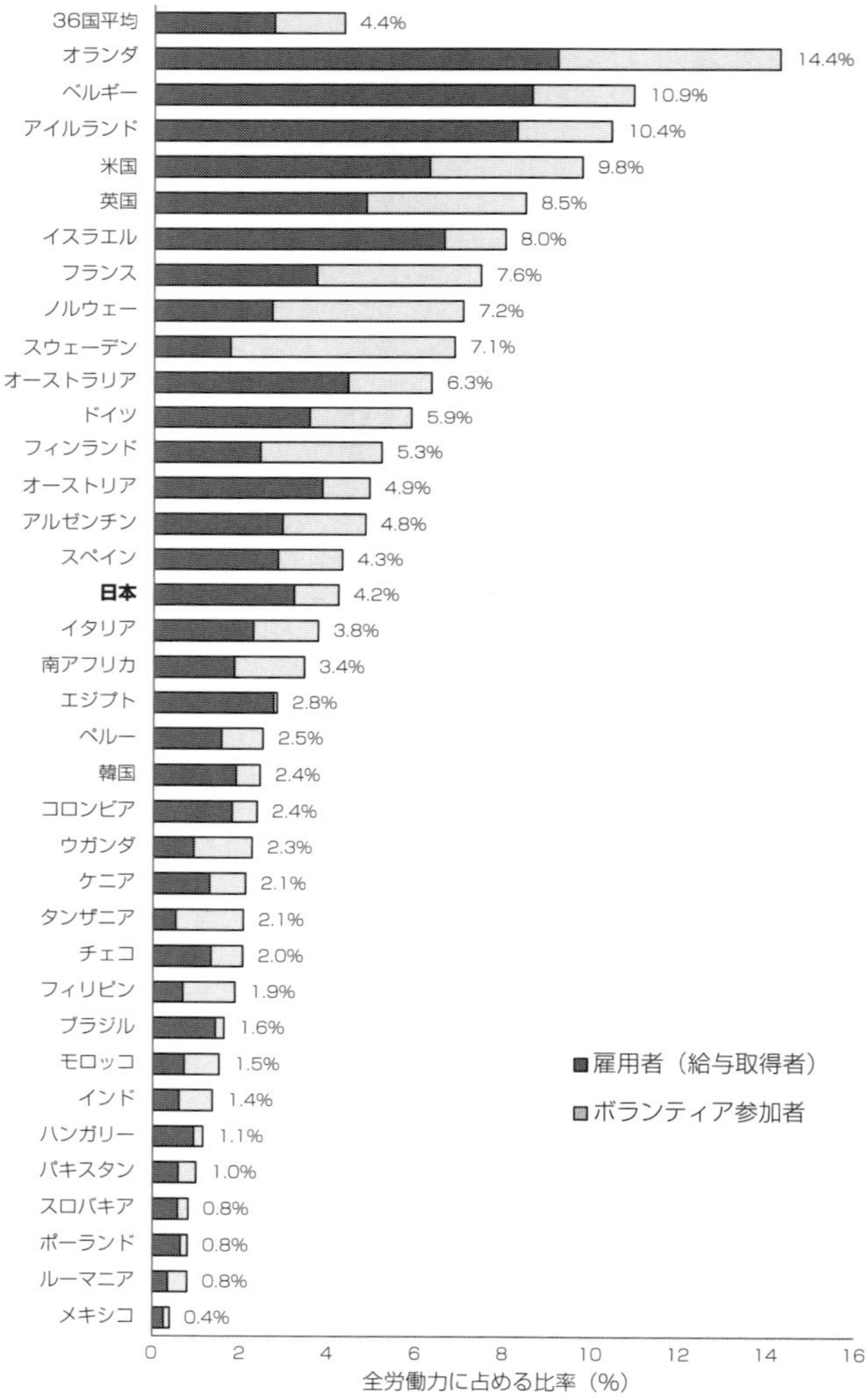

図1　世界主要国のNPO（市民社会団体）セクターの雇用者比率

出所：John Hopkins Comparative Non-profit Sector Project, *Global Civil Society*, Vol.2

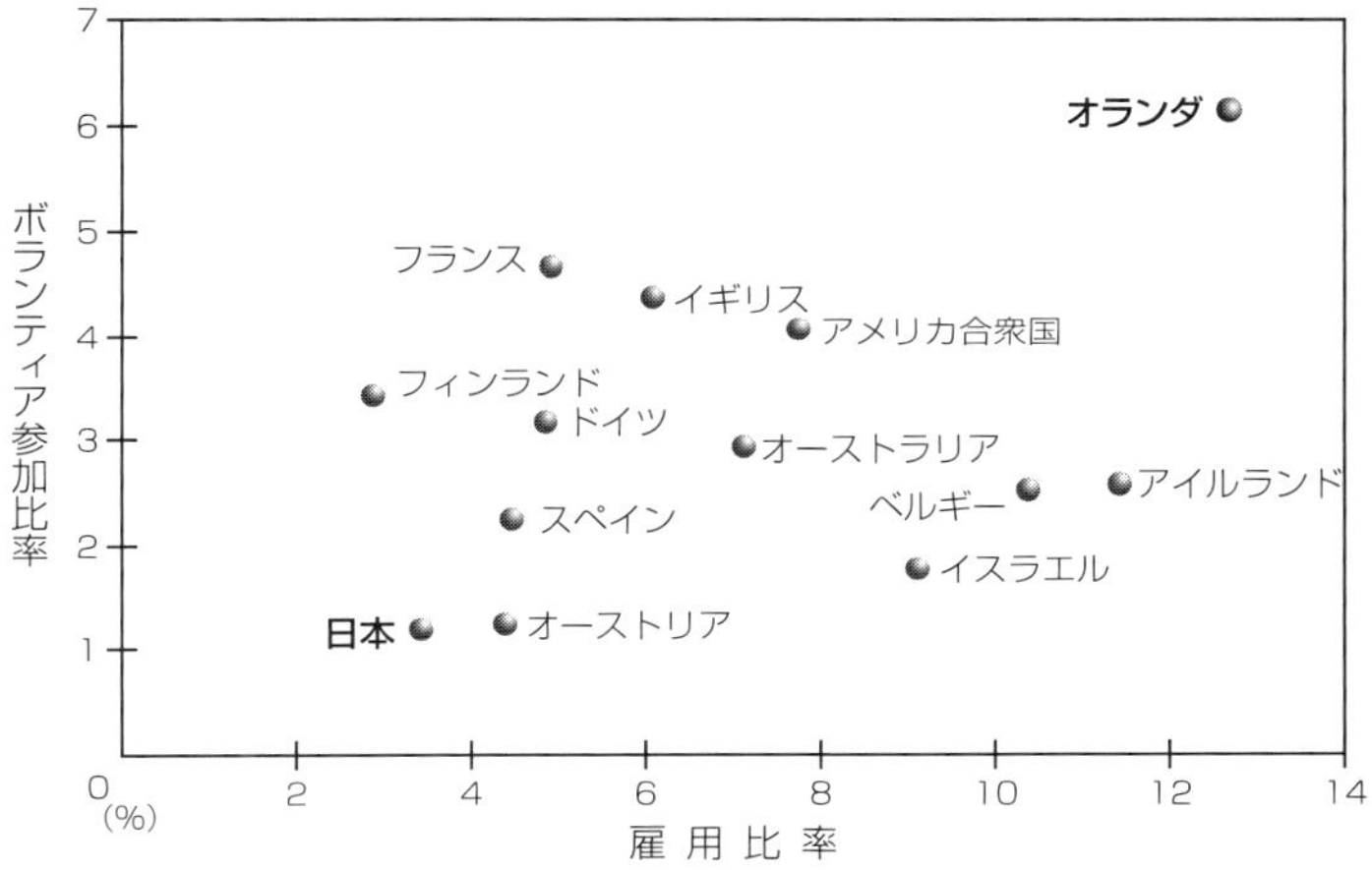

図2　主要先進国のNPOセクターのボランティア参加比率と雇用者比率

出所：Ary Burger and Paul Dekker, *The nonprofit sector in the Netherlands, the Social and Cultural Planning Office of the Netherlands*, 2001

授の「比較NPOセクタープロジェクト」による有名な研究成果です。一九九五年のものでいささか古いのですが、その後更新調査は行われていないようですので、これを参考までに紹介します。

図1は、国別の全労働力に占めるNPOセクターでの雇用者（給与取得者）数とボランティア参加者数の比率を示したものです。オランダが圧倒的に高く、日本は調査対象国の真ん中にありますが、先進国の中では最も小さい国の一つとなっています。オランダは全雇用者の一二％以上がNPOセクターで雇用されています。対象二二カ国（途上国を含む）の平均が四・八％ですが、オランダはその二倍以上です。フランスやドイツは五％、日本は三％台です。

図2は、この二つの比率を先進国の主要一三カ国についてクロスしたもので、オランダの突出が目立つと共に、日本の低さがよく分かります。しかし、これは日本にいわゆるNPO法が導入される前の状況ですので、今ではかなり向上している

はずと期待したいところですし、三・一一以後はもっと大きくなっていると期待できるでしょう。但し、一九九〇年代後半以降におけるNPOセクターの興隆は、日本だけで起こっているわけではなく、世界的現象ですので、順位的にはそれほど大きな変化が起こっているとは思えません。

日本のNPOセクターが成長してきてはいるものの、国際的にみて依然として小さいことは、最近の私たち「日本人」の社会性やチャリティ度に関する調査でも、それは明らかです。国際的な調査をみると、残念ながらほとんどが一致してそうした結果を報告しています。

なお、以下では「チャリティ」という言葉を使っていますが、この言葉は日本ではしばしば「かわいそうな人々を助けてあげる」という上から目線の言葉として揶揄される傾向にあります。チャリティという言葉は決してそういう意味ではなく、米国では「フィランソロピー」、英国では「チャリティ」という言葉が使われる傾向にあるだけです。チャリティという言葉に違和感のある方は、かわりに英米両国共通の「ボランティア」など別の言葉に置き換えていただいて結構です。

NPOへの信頼度とチャリティ度ランキング

米国にエデルマン社というコンサルタント会社があり、しばしば興味深い調査を発表しています。その一つに、「政府」「メディア」「企業」「NGO（NPO）」の四つの組織についてその信頼度（「あなたはどの組織がいうことなら信じられるか」）を調査したものがあります。この調査によると、世界で最も信頼されているのは「NGO」で、しかも上昇してきています。逆に世界で最も信頼されていないのは、「政府」です。(4)

二〇一六年報告によると（一五年一〇月～一一月調査）、世界（二七カ国合計）では、四組織の中で、「NG

〇」への信頼度が最も高くなっています。一般層と知識層に分けても、一般層で五五％、知識層で六七％となっています。次いで「企業」が一般層五三％・知識層六三％、「メディア」一般層四七％・知識層五七％、「政府」は最も低く一般層四二％・知識層五一％の支持率となっています。

これに対して、日本をみると、最も信頼されているのは「企業」で一般層三三％・知識層四五％、次いで「政府」一般層三九％・知識層四一％、「メディア」一般層三八％・知識層三九％、そして最も信頼の低いのが「NGO」で一般層三四％・知識層四〇％となっています。とはいえ、各組織間の信頼格差はそれほど大きくはなく、むしろ目立つのは、上記の世界全体の各セクターへの信頼度に対して、日本の信頼度はどのセクターでも低いことです。この日本の各部門への信頼度の低さは他の国に比べ際だっており、「日本は不信先進国」と説明されています。

英国のNPOであるCAF（Charity Aid Foundation）が行っている「世界の寄付指数」（The World Giving Index）という調査があります。二〇〇九年の数字（一〇年九月発表）がはじめての調査で、以後毎年発表されています。[(5)] この調査は、「この一カ月の間に、チャリティのためにあなたは寄付をしましたか」「この一カ月の間に、自分の時間を割いてボランティア活動をしましたか」「この一カ月の間に、困っている見知らぬ人を助けたことがありますか」、この三点への回答をベースに統計化して順位を出しています。

第一回の調査結果（二〇〇九年）では日本は一五三カ国中なんと一一九位で、あまりの低さに驚きました。翌一〇年は少し向上して一〇五位、そして一一年（一六〇カ国）は八五位となっています。二〇一一年の向上は、東日本大震災で「ボランティア時間」や「お金の寄付」が増えたことによるものと分析されています。しかし翌一二年調査では、日本は対象から外れてしまっています。次いで一三年調査では対象国に復活し九〇位、翌一四年調査（一五年一一月発表）では一四五カ国中一〇二位です。ところが最新の二〇一五年調査（一六年一〇月発表）では一四〇カ国中の一一四位で、第一回並みの低いレベルに再び後退しています。

貧しい国ならいざ知らず、日本のような豊かな国で、お金の寄付を含めチャリティ度が他の国に比べ低過ぎることはいささか衝撃的です。ちなみに一五年は、「お金の寄付」は世界八三位、「ボランティア時間」は五五位、「見知らぬ人を助ける」は一三八位で、総合一一四位でした。

この調査結果について、〝寄付〟には教会での献金が含まれているに違いない、日本でもお寺や神社で多くの人がお賽銭を出しているはずで、それが含まれていないので日本は当然低くなるはず、という指摘を聞いたことがあります。そうなのだとしても、日本のお賽銭は自己利益（御利益）感覚が中心で、「他者」を助けたいという感覚は小さいように思います。

さらに、エデルマン社が二〇〇七年に行った消費者調査で、「あなたを最も満足させるものを考えてください。それはどんな時ですか」という質問では、「家族または友達と時間を過ごす」が日本を含めどの国でも圧倒的に多い結果となっています。次いで「他の人を助け、自分のコミュニティに貢献する」が続くのですが、ここで日本の特徴が浮き彫りになります。国別にみると、「他の人を助けることによる満足度」は、インドが最も高く、最も低い国が日本なのです[6]。

また、「あなたはどのくらいの頻度で他の人たちと社会性のある目的について情報、意見交換をしていますか」、つまり社会性の問題について日常的にどの程度のコミュニケーションをしているのかという質問ですが、「少なくとも一週間に一回は情報共有する」と回答としている消費者の割合がほとんどの国で二五〜七〇％の範囲に分布している中で、例外的に低い国が二カ国あります。一つは中国の一一％、そして日本は最低の六％となっています。このことを学生に話すと、何となく分かるといいます。友達と話している時、貧困とか紛争や平和とか児童労働や難民問題など、そういう社会問題の話を持ち出すと引かれてしまいかねないので、いい出しにくい気持ちは分かるというのです。これも三・一一以後実施の調査があれば、きっと日本も急増しているに違いないと思いたいところです。

三・一一以後の日本人の変化を映し出しているものとして、二〇一二年のエデルマン調査で、「質も価格も同じ場合、社会的意義を最も重要な決定要素」にあげる消費者の比率は、日本は二〇〇八年には二一％でしたが、三・一一後の二〇一二年には倍の四四％に急増しています。しかし、世界（カナダ、米国、ブラジル、英国、フランス、ドイツ、イタリア、インド、中国、日本の一〇カ国合計）は〇八年の四二％から、一二年には五三％へ一一ポイント増えており、日本の四四％とは依然九ポイントの差があります（但し、この間に世界合計と日本との差は二〇ポイントから九ポイントに縮まってはいます）。

フェアトレードは開発途上国の農家や零細生産者の自立支援活動として最近世界で市場が伸びてきている分野として注目されています。（一財）国際貿易投資研究所が二〇〇七年の日本のフェアトレード市場の調査を行っていますが、その結果とオランダの団体が実施した世界のフェアトレード市場の調査報告とを比較し、世界のフェアトレード市場の中での日本の市場シェアを計算してみると、一・七％（〇七年）に過ぎない小ささとなっています。(7)

日本の経済力や消費力の大きさからみれば、この小ささには驚かされるはずです。その後の経過をみると、日本のフェアトレード市場規模は企業の参入もあり伸びてきており、二〇〇八年の八一億円から、現在は倍増以上を示しているとみられます。しかし、世界のフェアトレード市場も大きく拡大してきていますので、日本の世界市場でのシェアはそんなに増えているとは思われません。

ちなみに、フェアトレードラベル（認証）団体であるフェアトレード・インターナショナル（ＦＩ）の認証品でみると、二〇一五年の日本市場での販売額は前年比七％増と順調で、一〇〇億円を超えましたが、世界市場（九八二二億円）の中では一％を占めるに過ぎません（フェアトレードラベル・ジャパン発表）。日本もフェアトレードの販売額はそれなりに伸びてきていると思われますが、世界市場の伸び率の方が大きいのです。

フェアトレードへの認知度に関する調査も同様の結果をみせています。欧米のフェアトレードへの認知率は、概ね五〇％から八〇％以上と報告されています。これに対して、日本のフェアトレード認知率は（日本フェアトレード・フォーラム調査）[8]、二〇一二年の調査では二五・七％、三年後の二〇一五年調査では二九・三％と三・六ポイントの上昇に留まっています。一五年調査では特定の地域別にも行っており、フェアトレードタウンに認定されている熊本市が三九・八％、名古屋市が三六・九％、逗子市は熊本と同じ三九・八％でした（逗子市はこの調査一年後の一六年七月にフェアトレードタウンに認定されています）。まだ欧米には大きく届きませんが、上昇してきているようです。

確かに、私たち日本人が社会的課題への関心を高めている前向きへの兆候は多くみられますし、ゆっくりとではありますが前進していると実感できることもあります。しかし国際的な中でみると、世界各国の人々も同様に社会的関心を高めているため、日本人の気づきにはどうもまだ何かパンチが足りないようだと感じられてしまいます。

日本のＮＰＯ法人の実態

日本の特定非営利活動法人（ＮＰＯ法人）は、法律が導入された一九九八年一二月から二〇一六年七月末時点までの一七年八カ月間の累計では、認証数は五万一一一〇団体（うち認定NPO法人は九四六）となっています。このうち解散（一万二四四九団体）したものを除くと現在のNPO法人数は三万八六六一です。しかし、この政府による市民の社会活動の公認は、欧州では近代へ向かう以前からシビルコード（民法）で促進するシステムが存在し続けてきていましたが、日本では四〇〇年もの遅れでやっと二〇世紀末に導入されたのです。

ともあれ、日本のNPO法人はすでにこんなにもあるのです。これ以外に今では、一般社団・財団法人、公益社団・財団法人などがあります。さらにNPO法人として登録していない、いわゆる「任意団体」も実に多くあります。

私たちが社会をより良くするために「公共益」（第2章）に向かって活動するグループをつくっても、法人として届け出る必要は必ずしもありません。とくに小さい団体にとってはNPO法人となると、地方自治体（行政）に団体として登記するだけで税金をとられてしまいますし、理事会の開催、総会の開催、活動報告や経理報告などのペーパーワークも行わなければなりません。多くの団体にとっては、そうしたお金も時間もない場合にはNPO法人の申請はしないことになります。

内閣府の特定非営利活動法人活動実態調査によると（調査時点二〇一五年）[9]、日本のNPO法人の会員数は、個人会員（社員＝正会員）の中央値は一七人、平均値で五三・二人、社員以外（賛助会員等）は中央値はゼロ、平均値五九・四人となっています。つまり、会員一〇〇人以下のNPOが圧倒的ということです。ボランティア人数がゼロの法人は三二・五％です。

職員数ゼロは一一・一％で、有給職員数ゼロは二三・九％と増え、常勤有給職員になるとゼロは三四・四％に増えます。日本のNPOセクターは、職員数など増えている傾向にはありますが、依然として会員基盤、経済基盤ともとても弱い状況にあります。会員が少なく、会員もあまり増えません。会員が一〇〇人もいれば大きなＮＰＯ法人なのです。寄付金も恒常的に入ってくるわけでもありません。常勤スタッフがいる団体は多くはなく、給与は低く、ボランティアもそんなに多くが参加してくれるわけでもありません。

しかし、そうした中でも、会員が一〇〇人以上いる比較的大きな団体には最近では若い世代が集まってくれるようになっているようです。人材不足で専門知識も低いといわれてきたＮＰＯも、近年次第に人材が集まってくるようになっています。若い世代にとって、生きがい、やりがいのある仕事としてＮＰＯを考える人が昔に比べかなり増えてきていることは確かです。

依然マイナーな日本人のＮＰＯ観

しかし、日本人のＮＰＯへの姿勢をみると、やはり独特の状況が感じられます。内閣府の二〇一三年調査は前述しましたが、一五年調査をみると（内閣府「市民の社会貢献に関する実態調査」一五年版）、「ボランティア活動に対する関心」については、「とても関心がある」（九・三％）、「少し関心がある」（五〇・三％）との合計は五九・六％が関心あると回答していますが、このうち「過去三年間にボランティア活動を経験」している人は二三・三％です。この三年間にボランティア活動をしたことがない人が七七％もいることになります。さらに、「過去三年間の寄附経験の有無」は、「寄附をしたことがある」四七・六％で、「寄附をしたことがない」が半分以上（五二・四％）を占めます。

ＮＰＯ法人に対する関心については、「とても関心がある」（四・八％）、「少し関心がある」（三五・八％）を合わせた〝関心がある〟層は四〇・六％と、「あまり関心がない」（四六・〇％）の方が高くなっています。「とても関心がある」が五％に満たないのには驚きます。ＮＰＯ法人に関する知識については、（認定）ＮＰＯ法人への寄附の税制優遇措置について「知っている」は二二・八％の低さです。さらに、ＮＰＯ法人に対して「寄附をしたいとは思わない」がなんと七〇・四％もあります。

私たち日本人の寄附方法は、「街頭募金」三八・一％、「設置されている募金箱（「街頭募金」を除く）」三五・〇％、「直接手渡し」二六・二％の順で多く、「銀行・コンビニ等での振込み・口座引落し」は二一・七％となっています。寄付のほとんどが目の前の活動を通した衝動的なもので、定着している印象はまだ弱い感じがあると解説するのは酷でしょうか。寄付先をみると、「共同募金会（例：赤い羽根等）」（四九・七％）、「日本赤十字社」（三二・七％）と、募金団体として知られた二団体が圧倒的で、それに「町内会・自治会」（三二・五％）となっています。ＮＰＯ法人（特定非営利活動法人）への寄附は一三・九％と非常に低い状況です。

寄附の妨げとなる要因は、「寄附をしても、実際に役に立っていると思えないこと」三六・九％、「寄附先の団体・ＮＰＯ法人等に対する不信感があり、信頼度に欠けること」三五・三％、「経済的負担が大きいこと」三四・六％となっています。ここにも、ＮＰＯを含む寄付先団体への不信感・信頼性の問題が依然強く存在していることが感じられます。

前述の二〇一三年調査と比べてみると、質問の仕方が異なるので単純比較できないのですが、一つだけ同じ質問があります。「ＮＰＯへの寄附」についてです。ＮＰＯに寄附したいと「思う」は一三年調査では二三・二％から、一五年には二九・六％へ六・四ポイント上昇しています。他方「思わない」も、六二・四％から七〇・四％へ八ポイント上昇しており、引き裂かれている状況にあります。

ＮＰＯは信頼性を高める努力をもっと行う必要があることはいうまでもありません。他方では、社会的活動に取り組むNPOに対して何となく距離を置いている（敬して遠ざける）姿勢を日本社会は依然として昔と変わらずもち続けたままであることを感じてしまいます。

三・一一後の変革への期待

このように、日本人の寄付体験や意欲は、国際比較でみると依然として大変低いものと思われますが、それでもなお、三・一一後にはそれなりの、あるいはかなりの前向きな変化がみられたといえるかもしれません。

日本ファンドレイジング協会は二〇一〇年以降毎年『寄付白書』を出しています。[10] 同協会の発表によると、二〇一四年の日米英三カ国の個人寄付総額は、米国は約二七兆三五〇四億円（名目GDP比一・五%、一ドル一〇五・八円で換算）、英国は約一兆八一〇〇億円（名目GDP比〇・六%、一ポンド一七〇・八円で換算）、そして日本は七四〇九億円（名目GDP比〇・二%）とのことです。名目GDP比率でみると、米国は日本の七倍以上、英国は三倍と、日本の小ささが目立ちます。

しかし、東日本大震災が起きた二〇一一年の個人寄付額は、通常の際の一般寄附額五一八二億円に加え、震災個人寄付額がこれに加え五〇〇〇億円にのぼったということです。つまり合計で一兆円を超えたのです。一一年の寄付推計者数は、両者合わせて七〇二六万人にのぼり、寄付者率（一五歳以上の人口比）は六八・六%であったとのことです。これは二〇一〇年の寄付額四八七四億円、寄付推計者数三七三三万人に対して倍増以上となっています。また、被災三県（岩手・宮城・福島）でボランティア活動を行った人は、延べ約九六万九八〇〇人と報告されていました。

同協会によると、震災寄付を行った人では、約五〇%以上の人が災害などの際にまた寄付をしたいと思うと考えており、「寄付も社会貢献だと思うか」についての回答も「そう思う」「どちらかというとそう思う」が七九・八％となっており、三・一一が日本社会に対して、寄付という行動への体験と理解を深めていることが伺える、と報告しています。

日本の個人の寄付市場は、およそ五〇〇〇億円前後で推移してきましたが、三・一一と共に震災寄付がほぼ同額に膨らみ（総計で倍額）膨らみ、震災寄付が落ち着いた二〇一二年には個人寄付総額は七〇〇〇億円近く（六九三一億円）へと拡大したと報告しています。つまり、日本の個人寄付額は、三・一一を契機に五〇〇〇億円前後から、一挙に七〇〇〇億円台に押し上げたことになります。

また、この年は一五歳以上人口の四六・七％の人が寄付を行っており、従来は三〇％前後であった寄付者率が四割超と増加しています。つまり、寄付総額、寄付者率とも増加しており、日本の寄付市場が拡大しているとみることができる、としています。

内閣府調査でも、三・一一前後で大きく変化していることが分かります[11]。NPO法人への関心度は、三・一一前は「関心ある」との回答は三六％でしたが、三・一一後は五一％へと過半数に達しています。また、三・一一後では「ボランティアに関心ある」人は過半数を超え（五八％）、四分の一以上（二七％）の人が「ボランティア活動の経験がある」と回答しています。

今の大学生が生まれた頃に阪神・淡路大震災が起き、小学校に入る頃にNPO法人法ができましたから、今の若い世代にとってNPOは、物心ついた時からすでに存在しています。そのためNPOへの偏見は少なく、接触度も比較的高く、今後が期待できると考えられます。

阪神・淡路大震災や東日本大震災を体験した人々は、自分と社会との関係について、そこから多くのものを得ているに違いありません。実は、日本の最大の問題点の一つは、失礼ないい方になりますが、企業人の多くが若い時代にボランティア経験をしていないことにあるのではないかと指摘されています。ボランティア経験とは、人に無償の親切な行為を行って喜ばれた体験、無償の社会的行為によって自分の存在感（自尊感）を感じることができた体験をするということです。つまり、他者／社会との好ましい関わりの体験です。今の若い世代は被災地でのボランティア活動を通じても、同様にそうした人生の原体験となりうる体験をしたことでしょう。

米国の大学では、入学の審査に高校時代のボランティア活動を重視しています。そのため彼らは何らかのボランティア活動を若い時代に体験することになります。日本の多くの企業人は、厳しい受験勉強のまま社会と関わる体験もなく企業に入り、企業の中でのみ自分の存在意義を感じる体験しかもっていないということが「日本の問題」だと指摘されているわけです。

それが日本における企業人の社会問題への関心の薄さや、ＮＰＯへの偏見あるいは敬して遠ざける姿勢、さらにはＣＳＲ（企業の社会的責任）経営への取り組みに腰が引けている要因となっていると指摘されています。[12]これが実は今後のＣＳＲ時代の国際競争力の障害となりかねない状況をもたらしているともいえるのです。

東日本大震災への取り組みにおいて、第３章で述べるように、三・一一によって、企業は社員ボランティアを派遣することを通して、ＮＰＯと付き合い、ＮＰＯと協働する、それによってＮＰＯの専門性と手法を認識するようなケースも多くあったことでしょう。ＮＰＯとの協働を通して、ＮＰＯへの暗黙の偏見が取り去られていきます。日本企業とその社員自身が、大震災を契機に大きく変革するに違いありません。

東日本で起こってきたことが、私たち「日本人」全体の体験としてしっかり定着すれば、日本も新しい日本になるに違いありません。若い時に阪神・淡路大震災を体験した世代が一九九八年末のＮＰＯ法導入以降、日本のＮＰＯセクターの形成に大きく貢献してきました。今後は、三・一一や熊本地震などを通して、ＮＰＯや個人ボランティアを体験した若い世代が中心となって、これからの日本を大きく変えていく基盤となることでしょう。

「公共」とは何かについて

このように、日本のＮＰＯセクターは三・一一後、大きな変革と定着・拡大の兆候があります。しかし、日本は本当に変わるのでしょうか。

私たち市民は、なぜ、今の悪化する政治の閉塞状況に平気でいられるのでしょうか。なぜ、福島原発事故の教訓にいつのまにか鈍感になり、逆に原発推進が語られても強い反応を示さないでいられるようになったのでしょうか。

日本の私たちは、なぜ、ＮＰＯ／ＮＧＯ活動に対して、何ともいえぬ偏見のようなものを依然としてもち続けているのか。本当に変わるためには何が問題なのか。なぜ、日本はＮＰＯセクターが先進国の中でも最も小さい国となっているのか。なぜ、私たち「日本人」はエシカル（倫理的）消費が世界の中でも特段に低いのか。なぜ、日本では依然としてＮＰＯ・ＮＧＯ・市民社会団体という言葉に対して、何ともいえぬうさん臭さを感じている傾向が残っているのか。

今ではＮＰＯといえばよいことをする団体というニュアンスが先にあるようになってきていることは感じます。しかし、これまでのように「時には反社会的なことをする連中」という思い込みがあり、そこで敬して遠ざける、つまり自分は直接は付き合いたくないという感じも、前述のように依然払拭されないままだ残っています。

この謎を解くには、「公共」という言葉からお話ししなければなりません。それは日本の近代国家形成の哲学を考えることにつながります。三・一一後のあるべき姿としての日本の未来について考える上で、私たちは現在の社会の基本的成り立ち（構造）について、もう一度問い直してみるべき時代にあるのだと思います。基本的に問い直すとは、哲学から問いかけ始めるということです。第２章では明治以降の近代国家日本の建国の構造問題に立ち入って考えていくことにします。

注

（１）『東日本大震災における日本人の行動――米国の報道に見る「日本から学べること一〇箇条」』（一）及び（二）、ジェトロ American New Policy、ジェトロ・ニューヨーク・センター（佐藤紘彰）、（一）は№六四〇三／二〇一一年三月三一日、（二）は№六四〇九／四月五日

（２）内閣府「ＮＰＯ法人に関する世論調査」。二〇一三年六月後半実施、対象は二〇歳以上の日本国籍者三〇〇〇人で、回収率五九・五％。ならびに内閣府「市民の社会的貢献に関する実態調査」（平成二六年度報告書）。全国の市民、満二〇～六九歳の五〇〇〇人を対象。地域・年齢・性別の階層別無作為抽出、二〇一四年九月後半から一〇月末に実施。回収率三三・三％。

（３）Lester M. Salamon, S. Wojciech Sokolowski and Associates, *Global Civil Society — Dimensions of the Nonprofit Sector, Volume two*, the Johns Hopkins Comparative Nonprofit Sector Project, Kumarian Press, Inc.2004.

（４）エデルマン社調査：エデルマン社（Edelman）の「信頼度調査二〇一六」（Trust Barometer 2016）は二七カ国対象で、各国一〇〇〇人調査。http://www.edelman.jp/sites/jp/pages/insights.aspx

（５）"World Giving Index — A global view of giving trends" の調査は米国のギャラップ社に委託して実施。世界一六〇

カ国以上を対象、世界人口の九五％をカバーしているという。調査の対象は、一五歳以上で、多くの国で一〇〇〇人、中国、ロシアなどの大国では二〇〇〇人を対象。https://www.cafonline.org/PDF/WorldGivingIndex2013_1374

（6）エデルマン社調査："Good Purpose"報告書。二〇〇七年に調査会社Strategy One社に委託して実施した消費者意識調査で、九カ国五五〇〇人（日本は五〇〇人）を対象としている。http://www.edelman.jp/data/ideas/Good Purpose_English.pdf

（7）日本のフェアトレード市場に関する調査は、一般財団法人国際貿易投資研究所のフェアトレード研究委員会（主査長坂寿久）が行ったもので、報告書は長坂寿久編著『世界と日本のフェアトレード市場』（明石書店、二〇〇八年）。世界のフェアトレード市場については、オランダ・ワールドショップ協会（DAWS）が、二〇〇七年の市場について行った調査があり、国際貿易投資研究所の調査もこのDAWS調査の項目に合わせて行い、日本のシェアを算出している。

（8）一般社団法人日本フェアトレード・フォーラム（二〇一五年七月）http://www.fairtrade-forum-japan.com/

（9）内閣府『平成二七年度特定非営利活動法人及び市民の社会貢献に関する実態調査報告書』（平成二八年三月）。調査対象団体は、平成二七年三月末現在の全特定非営利活動法人のうち五〇〇〇法人。回答率は三五・七％。なお、会員数、職員数、収入など項目によっては、回答団体は認定・仮認定NPO法人の比率が多く、かなり高めに出ている感がある。平成二七年三月時点の認証NPO法人は五万八八法人で、うち八二一法人が認定・仮認定法人。例えば、「職員数・有給職員数・常勤職員数」の項では、回答団体数は認定・仮認定法人四七五、認定・仮認定を受けていない法人一二七八、合計一七五三団体で、認定・仮認定法人の回答率は五八％であるのに対して、それ以外の通常のNPO法人の回答率は二・六％と非常に低いものとなっている。認定・仮認定法人を取得できる団体はそれなりにしっかり活動している団体であり、その団体を中心とした調査結果であるため、その点で本調査は日本のNPO法人全体の活動実態を過大視していると考えられる。

（10）日本ファンドレイジング協会『寄付白書二〇一〇（Giving JAPAN 2010）』～『寄付白書二〇一五』

（11）内閣府『平成二三年度特定非営利活動法人の実態及び認定特定非営利活動法人制度の利用状況に関する調査報告

書』（平成二四年八月）

(12) 企業競争力とＮＧＯ・ＮＰＯとの関係については、長坂寿久『ＮＧＯ・ＮＰＯと「企業協働力」――ＣＳＲ経営論の本質』（明石書店、二〇一一年）参照。

第2章

日本が普通の「くに」になるために、公共圏を取り戻そう！

第1節 「公共」とは何か——国家哲学の喪失

日本の私たち（国民）は、災害などの緊急時と日常（平常時）とでは、〝社会〟あるいは〝他者〟との関わりにおいてどうも大きな違いがあるようです。とくに日常における対応では、前章で紹介したように、他の先進国とはかなり異なっています。社会の問題について主体的に議論に参加し、熟議し、そこで得た合意を政府に伝え、さらには自ら行動を起こして取り組んでいくということが苦手のようです。なぜなのでしょうか。

異なることは何ら問題ではありません。各国・地域にはそれぞれの文化があり、その文化が異なるから面白いのです。一人ひとりの人間も、異なっていることが個性であり、だから人間って面白いのだと思います。しかし、ここではそういうことをいっているわけでもありません。民主主義とは何かという基本的な国家システム（仕組み）の話をしようとしています。

また、日本人はチャリティ／ボランティアの気持ちが欠落した特殊な国民だなどといおうとしているわけでも全くありません。私たちは他の国の人々と同様に、礼節を重んじ、情が深く、気遣いをし、他者と協調する国民です。チャリティ／ボランティアの精神は十分もち合わせています。とくに災害などの非常時における対応は、第1章で紹介したような外国特派員が報じたとおりだと思います。ではなぜ、国際比較調査では、日本はこのようにチャリティ度あるいは社会性の低さが出てしまうのでしょうか。

それは日本の国家の仕組み（構造）に起因するのだということを指摘したいのです。日本が近代国家をつくった明治時代以来の国の構造に起因しているのです。その謎は『公共』（public）という言葉にあります。

本書は市民社会（ＮＰＯ）について考えようとしています。市民社会を考えることは、『公共』とは何かを考えることであり、「公共哲学」を考えることです。そして、「公共する」ことです。公共哲学者の金泰昌先生は、「公共する」とは、「他者とともに対話する・共働する・開新する（新しい地平を切り開く）ということ」と述べています。公共哲学は理論と実践の哲学なのです。[1]

1．国家の成り立ちは「私・公共・公」の三元論

パブリック（public）という言葉

国家システムを論じる哲学として「主権論」があります。主権論は、市民社会論と同様に公共哲学を

考えることでもあります。哲学とは、まず「人間」とは何か、「私」とは何かを考えることだと教えられたことを覚えています。そしてこの社会では「私」だけが生きているのではなく、「他者」がいる。そこで他者にアプローチし、他者とコミュニケーションする。

私とは何かを考える時、その結果「私益」について考えることになります。他者とコミュニケーションをする〝場〟が「公共圏」であり、その結果得られた合意が「公共益」です。そしてその公共益を守り、拡大してもらうために、私たちは政府（国家）をつくってきたのです。つまり、私たちの社会の仕組みへの哲学的アプローチは「私⇔公共⇔公」の三元論でできています。

「公共」は英語の「public」の訳となっています。publicの語源は、ランダムハウス英和大辞典やオックスフォード英英辞典によると、（ラテン語源から）「人民／of the people」のことです。また、君主ではなく人民が最高決定権をもつ政体を共和制（republic）と言いますが、これは「公共による政府を持つ国家」という意味で、publicが語源となっています。

ランダムハウス英和大辞典で〝public〟の日本語訳をみると、次の順で出てきます。

①「公の、公共の、公衆の、公共体、社会・国家全体に関係のある」
②「社会のためになされる」
③「公開の、すべての人に開放された」
④「国事（公務）の」
⑤「公立の、公営の」

⑥「誰でも見聞きできる、公然の、おおっぴらな」
⑦「広く大衆に知られた、著名な」
⑧「全人類の、全世界の」

the publicとtheをつけると、「公衆、人民、国民、共同体や国家を構成している人々、（共通の興味・関心・目的などをもつ）一群の人々」などと出てきます。

英英辞典のthe New Oxford American Dictionaryで「public」を引くと、掲載順に次のように出てきます（括弧内は筆者訳）。

①of or concerning the people as a whole（人々全般に関すること）
②the affairs of the community（コミュニティに関すること）

この二つが中心的意味となっていますが、もちろんそれ以外に、

③open to or shared by all the people（すべての人に開かれた／分かち合っている）、
④provided by the government（政府により提供されるもの）、
⑤involved in the affairs of the community（コミュニティの問題に関わること）、
⑥known to many people; famous（多くの人に知られている、有名）、などです。

後で紹介するような、日本語の国語辞典での「公共」の意味とずいぶんニュアンスが違うことに気づきます。

私と公を仲介する公共

「公共」とは、次のように説明されています。

「私」とは、個人・国民・仲間・親類・家族などです。英語ではindividual（個人）で、個人のことはprivate、そしてpeople（民・人民）、citizen（市民）、さらにfamily（家族）です。

「公」とは、天皇（皇帝）・国家・体制・政府・公権力・官庁・最高権力者です。英語ではofficial、government（政府）です。この「私」と「公」の間を媒介させる概念が「公共圏」（public sphere、あるいは「公共空間」「公共領域」）です。

公共圏で私たちはコミュニケーションし、熟議し、「公共益」（public interest）について合意します。この時熟議を促進し、そこで達した合意（公共益）を達成するよう活動する「中間団体」がＮＰＯ（あるいはＮＧＯなど）です。そしてこの公共益を守り拡大するために、私たちは「公」、つまり「国家・政府」をつくったのです。

このように、私たちの社会・国家は、基本的には「私・公共・公」の三元論で成り立っています。この三元論アプローチが、国家の主権論を考える基本にもなります。このことは、私たちにとって重要なのは、皆で話し合う「公共圏／公共領域」（public sphere）が確固として存在していることを認識することだということを意味します。「公共圏／公共領域」とは、「私・公共・公」の三元論の区分の一つとしてあるのではなく、「公共」は「私」と「公」を媒介するもの、「私⇳公共⇳公」の三者の相関媒介としてとらえること（それが「公共する」こと）、が重要であると金泰昌先生は述べています。そして、次に大切なのは、「公共益」（public interest）が、「国益」と呼ばれるものよりも確実に優先すべきものだという認識をもつことです。なぜならば、後でも述べるように、「国益」はいつも「私益」に堕落するからです。

私たちが「私益」を超えて「公共益」を求めるのは、人間として自然かつ当然のことといえます。私たちは誰もが「他者と共に」生きているからです。公共について考えることは、「他者」について考えることです。

「他者」論は、哲学・神学や社会学のみならず、精神医学などすべての学問の基本になっているともいえます。それは、私たちの日常生活の基本と現実が他者との出会いと協調によって生活しているからです。「私」は「他者」との出会いで「私」になります。逆からいえば、「他者」との出会いは「私」の存在を前提にしています。「私」は「他者」と共にあってはじめて意味をもちうるのです。

人間は生まれてから育つに従い、自他の区別がつくようになり、自我が芽生え、社会性が身についてくると解説されています。この社会性とは、自我と他者とのコミュニケーションによって身についてくるものです。哲学者が自我はあっても他我は経験できない（デカルト）と説明しても、現実の世界では他者だらけの中で私たちは生活しているのです。

自己のアイデンティティも他者との対話（コミュニケーション）を通じて決定され、承認されます。「他者観」こそが人間性の根源にあります。その人の他者観がまさに個性をつくり、人間性をつくり上げています。他者性の欠如や他者に対する共感性の欠如は、現代では「自己愛性人格障害」と呼ばれ、人間性に問題のあることを意味するようになっています。

そういった「他者」とのコミュニケーションを行う場が「公共圏」であり、それによって調整され合意されたものが「公共益」なのです。

知覚のプロセス——戦争へ至る思考プロセス

ここまで紹介したのは個人間の問題でしたが、これが集団間の問題になるとどうなるでしょうか。多数の第三者の合流によって、私は「私たち／我等」となり、他者は「彼等」となります。「私たち」からみて異文化に属する者は「彼等」となります。

この集団としての「他者」（彼等）の理解が最も重要な〝世界の課題〟となっています。「他者」観が間違った方向に向かうと、簡単に彼等との戦争まで行ってしまうことになるからです。そのため私たちは絶えず彼等とコミュニケーションを継続していく必要があるのです。それが平和論の基盤です。このコミュニケーションを続けることは面倒であり、辛抱強い問いかけが必要であり、面倒になって止めてしまいたくなります。それでも、「他者」と向き合って、その「他者性」を見つめて、不安に耐えてコミュニケーションを続けることができる人間でありたいと思います。

この「我等」と「彼等」の関係は、どこに境界を置くかで大きく変化します。その境界はその場に応じて流動します。境界のつくり方、他者の線引きを、性、年齢、言語、人種、宗教、身分、お金、仕事、出身地、文化等々さまざまに多様に複雑に私たちは行っています。その境界のつくり方が一人ひとりの人間性をまさに反映することになりますし、集団としての国家観も形成され、平和と戦争にも強く関わります。

私たちは、他者を殺すこと（殺人）は決して行ってはならない重大犯罪であることを誰もが知っています。しかし、戦争になると私たちはなぜ、人間を殺すことを正当化でき、殺す数が栄誉となるところまで気づかないうちに残酷な人間へと堕落してしまうのでしょうか。

「彼等」への残酷な仕打ちを許す人間へ簡単に転換してしまいかねないトリックは、そもそも人間の知覚のプロセスの中に隠されています。私たちはこの認識転換のトリックをはっきり知っておく必要があります。

私たちは「他者」を異様につくり上げて「異人」とし、容易に「敵対者」に仕上げることができます。逆にいえば仕上げられてしまっています。どうしてなのでしょうか。それは人間のモノの認識のプロセス、つまり「知覚プロセス」のカラクリによるものなのです。知覚のプロセスとは、情報として与えられた刺激をフィルターにかけて解釈していくプロセスのことです。

私たち人間は、外界の経験・情報をカテゴリーに分けて整理分類しています。これは誰もが行っているファイリングです。空を飛ぶものは鳥と名付け、水の中を泳ぐものを魚とファイリングしていきます。飛行機は鳥でしたが、その飛ぶ理由をデータ収集・分析してファイリングを修正し、飛行機の分類をつくっていきます。新しいデータで修正していき、公平・柔軟にカテゴリーをつくっていきます。しかし、やがて往々にして間違ったファイリングをしたり、ファイルのイメージをつくり上げていき、イメージ形成後は経験による修正を受け付けず固定化していってしまう傾向に陥ります。これが修正の難しい、単純で誤りの多い集団のイメージ（集団に対する全体像）となる場合、それを「ステレオタイプ（固定観念）」といいます（W・リップマンが社会学的に最初に定義しました）。

「ステレオタイプ（固定観念）」とは、一般化されて柔軟性を失った意見で、修正されず、固定化されたものをいいます。なぜ固定化されるかというと、私たちはこの固定観念をもつことによって、世界の森羅万象を自分なりに解釈しえていると思い込めるからです。どのような情報が入ってきても、世界のすべてを解釈できるようにするために、ステレオタイプをつくり上げているのです。

ステレオタイプの体系は「秩序正しい、矛盾のない世界像で、われわれの習慣、趣味、能力、慰め、希望をそれに適応させています」。自分のステレオタイプ内で、「世界の人も物も納得いく場所を占め、期待どおりのことをしていることになります」。この「ステレオタイプの世界にいれば心が安んじ、違和感がない」状態で過ごせます。

ステレオタイプには肯定的／否定的の両方があり、時代と共に変わっていきますが、不正確な特定情報と思いつきに基づいている場合が多く、頑固であるため、それに合った情報のみ選択し、訂正すべき証拠を見いだそうとしなくなります。ステレオタイプの世界にいると「自尊心の保障」が可能となるのです。「自分自身の価値、地位、権利についての感情が入っている」ので安心していられます。ステレオタイプの混乱は自分の慣れ親しみ安んじてきた世界への攻撃となり、自尊心をおびやかすものとなるのです。

そのためステレオタイプにあてはまらない状況があっても、いろいろな理由を使ってその修正を行わないよう努力します。その時の状況のせいにしたり、例外的ケースにしたり、単に幸運のせいにしたりしてしまうのです。ステレオタイプの怖さは、コミュニケーション活動の手順を踏むことをしなくなることです。相手に出会ってコミュニケーションしてから定義せずに、事前に相手を定義してから出会い、固定観念を変えようとしないからです。こうして形成される他者観は歪んだものになっていきかねません。

さて、歪んだ、否定的なステレオタイプが形成されると、そのステレオタイプから戦争へつながっていくのは容易です。その道筋は次のとおりです。

歪んだステレオタイプの形成が態度に出て「偏見」となります。ステレオタイプが人間の行動に出てくる第一弾が偏見です。ステレオタイプの形成を通じて集団への感情・行動様式ができあがっていきます。捌け口として、スケープゴートとして利用するようになります。自分たちの劣等感の補償のために、奴らは自分たちより劣等だと思うようにさえなっていきます。

「偏見」を通常の社会の仕組みにしていくと「差別」になります。差別は言葉や回避などによって、不公平な区別を意識的・積極的に行うようにさせます。つけない仕事、住めない場所、政治的権利の抹消、病院での診療拒否、店員の不親切などが登場してきます。

「差別」が増長すると「身体的攻撃」へと移っていきます。それら「異人」が身体的攻撃を受けても、何も感じることがなくなり、むしろストレス解消にすら感じるようになります。かつての黒人のリンチや民族大虐殺もそうであったのでしょう。

ここまでくると、ステレオタイプの最悪の表出として「戦争」が門を開きます。国家が権力と法制によってその殺人を合法化し、軍隊という集団的強制力によって、殺人に対する感覚を麻痺させます。殺すことが罪でなくなり、褒められるようになります。

人間はどこまで他者に対して残酷になりうるのでしょうか。戦争は人間が人間でなくなる時です。人間は戦争を拒否する方法として、「非暴力直接行動」主義をつくり上げてきました。人間の理性がつくり上げてきたすばらしい手法です。

平和を愛する私たちは、なぜ戦争へ向かっていくのでしょう。国家がこの知覚プロセスを悪用するからです。まずメディアを巻き込んでステレオタイプづくりを行っていきます。そしてステレオタイプの形成を背景に法律を導入していき、戦争までの道をつくり上げていくのです。

私たちは「異人」を受け入れるべきだということが正しいことを知りながら、「異人」を排除してしまう人間に変わっていかされてしまいます。この人間の知覚プロセスを巧みに使って情報が提供され、あんな奴らなら（例外的に）受け入れなくても当然だと思うようになる、そうした情報操作に追随してしまう人間に知らず知らずのうちになってしまうのです。(2)

これが日常的な情報のファイリングによるカテゴリー化行動を通して、ステレオタイプ化⇓偏見の形成⇓差別の形成⇓身体的攻撃⇓戦争へと至る道です。中東の人々・アラブ・イスラムといった言葉に、日本にいる私たちは今やどんなイメージをもっているでしょうか。情報操作され、戦争への知覚プロセスに嵌まらないために、最も重要な方法は、この知覚のプロセスのカラクリを知ること、まさに教育です。しっかりした「他者」認識が平和をつくることにつながっていくことを学ぶことだと思います。

私たちが常に話し合い熟議する場（公共圏）を必要としているのは、政府（公）やメディアがつくり上げるこうした人間の知覚プロセスを悪用したプロパガンダや風潮や空気づくりに対して、私たちが冷静になり、気づき、目覚めるためです。

人が殺し合う戦争は誰もが反対でしょう。戦争にまでいたらないために対話が常に必要です。自分が住むコミュニティが平和であることを誰もが望んでいます。そのためのコミュニケーションの場が「公共圏」なのです。そこで得られる合意が平和という公共益です。

公共圏はさまざまなところにあり、私たちはさまざまに意見が交わされコミュニケーション（熟議）していています。私たちはこの社会で一人だけで生きているわけではなく、世界に生きる人間の一人に過ぎません。日々人と出会い、話し合い、協調し、共通点を見いだしつつ生きています。その話し合い協調する場が公共圏であり、そこで達成された合意が公共益です。

現代は、さまざまな問題がグローバルに波及する時代となっているため、私たちは地球的・国際的課題や地域的課題について議論することがますます必要になっています。その結果、人類益・地球益、あるいは生活圏での地域益という言葉も身近なものになってきています。これも公共益にほかなりません。

国益と公共益の相克

一六四八年のウェストファリア条約で国家システムができあがって以降、「公共益」はしばしば「国益」と同意語に使われてきました。あるいは、公共圏が国家に乗っ取られて、「公共益」の議論を喪失あるいは禁止されることもありました。その典型的な国の一つが日本です。

歴史上、多くの場合、戦争に勝って領主になると、領主は自分の「私益」を領民に強いてきました。一六四八年のウェストファリア条約によって国家システムができると、私たちはいつのまにか国家益(国益)を優先し、私益のみならず、公共益も国益の名の下に乗っ取られてきてしまいました。国民国家論においても同様でした。

国家(政府)は、本来公共益を実現するためにつくられた仕組みのはずなのですから、国益と公共益とは一致すべきもののはずです。しかし、しばしばこの二つは大いに乖離してきたことを歴史は示しています。

それは、国益はいつも堕落し、私益に堕してしまうからです。国益は、民主主義の国ですら、しばしば選挙で選ばれたリーダーの私益、あるいはその政党の私益に堕してきました。例えば、ヒトラーも民主的な選挙で選ばれたはずなのですが、一旦選ばれるとヒトラーの個人益やナチス(政党)の私益の追求へと堕落していきました。第二次世界大戦までの民主主義は、しばしばそのように堕落してしまうケースが多くみられました。

戦後も実は民主主義であっても、実質的にはリーダーや政党の私益が「国益」という言葉に言い換えられ、優先されてきています。政治とはそういうものだと私たちは諦めているようにもみえます。国家は権力をもつが故に、堕落しやすいのですが、権力をもつが故に、大いに市民によって監視され、監視の目が届くようなシステムを導入しておかねばなりません。

私益である「企業益」も、本来は公共益の達成のために大きな役割をもっています。現代の私たちの生活のベースを成り立たせるものとして企業（経済）は重要ですし、経済発展が確実に貧困を削減していくことは、体験的（定性的）にも経済学的にも立証されています。しかし、現在の行き過ぎた市場主義経済の中で、自分の企業だけが勝てばいいという私益優先の企業へと堕落してしまいがちとなり、そのため企業活動は、格差拡大をもたらすものとなってしまいました。

資本主義はそもそも倫理性を踏まえたものだ（アダム・スミス）と教わったように思います。市場は「見えざる手」によって均衡に向かう。その手は善なる「神の手」だと思っていました。しかし、いつのまにか弱肉強食を前提としているとも教えられました。今では、「自由な市場経済」という言葉を通して、勝ち組・負け組という言葉も定着しています。負け組をつくることを前提とした経済社会システムの中に私たちは陥っているのです。

企業は人権を侵害し、環境を汚染する経営へといつのまにか邁進してきてしまいました。社員の一人ひとりはそんなつもりはなく、違法行為をすることなく誠実に働いているのに、組織としての企業は人を蹴散らしながら自分の会社さえよければいい、自分が社長の時の業績さえみせかけでもよければいい、法律さえ破らなければ、あるいは法律を破ってもバレなければ、何をしてもいいとする組織に堕してしまいがちとなっています。今では市場を均衡させる「見えざる手」は「悪魔の手」に落ちているかのようです。

このように現実の世界では、国益や企業益と公共益とが異なってしまう場合が大いにあります。人類の人間的な進歩の歴史は、国益という名の私益や企業益という名の私益優先社会に対し、公共益（人類益）を優先するように闘ってきた歴史だといえます。

例えば、米国の黒人差別は、一九五〇年代までの米国では国益であり、社会常識でした。それに対し、人種差別禁止は公共益（人類益）です。法律は実質的にはその時の政権を守るためにつくられていますから、国益という名の政府政策に反するデモは基本的にはどの国でも禁じられています。そのためマーチン・ルーサー・キング・ジュニアをはじめ人種差別反対（公民権）の運動家は何度も逮捕されました。しかし、米国人の多くが公共益は国益に優先することを理解していたが故に、人種差別を禁止する国へと内部から自国を変えていくことができたのです。

「非暴力直接行動主義」という思想があります。公共益の実現のために直接行動をしていく、但し非暴力で、という考え方です。ガンジー、キング牧師、ダライ・ラマ、マンデラ、そして日本の阿波根《あはごん》昌鴻《しょうこう》(3)など、世界ではこれまで堕落した国益に抗して多くの人々が公共益の追求に身を投じてきました。自由、平等、暴力の排除、人種差別や性差別の撤廃等々、人類の人間的進歩は、その時の国益（政府政策／権力）に反して罰せられながらも、これら公共益のために奉仕し、追求する人々によって勝ち取られてきたものだといってもよいでしょう。

そして、こうした公共益のために闘った人々は、たとえ国益に反しているということによって投獄されても不起訴となり、あるいは有罪となっても、後に名誉が回復される、あるいは歴史がそうした人々を評価していくという経過を私たちは体験してきました。

米国のベトナム戦争時に、政府の秘密文書である「ペンタゴン・ペーパーズ」をニューヨークタイムズ紙が暴露した事件（一九七一年）がありました。当時のニクソン大統領は、同報告書の新聞への掲載は国家機密文書の漏洩であり、国家安全保障に脅威を与え、国益に反するという理由で司法省に命じて記事差し止め命令を求め連邦地方裁判所に提訴しました。

この事件はその後連邦最高裁では政府の訴えは却下されています（不起訴）。裁判においては「公益（政府益）」でなく、「公共益」が優先されるべきなのが（先進国では）国際的な基準です。しかし、日本では、後でお話ししますが、全く逆の判断が行われ続けているのです。

こうした公共益のために奉仕する人々の人権を保護するために、「国際人権規約」も採択されてきました。日本も批准しています。アムネスティ・インターナショナルやヒューマン・ライツ・ウォッチといった国際人権NGOがありますが、こうした団体は、公共益の追求によって国益に反するという理由で投獄されたり弾圧されたりしている人々を支援している団体です。

2. 主権論の系譜と領域主権論

主権論の系譜

「公共」益を守り、実現するものとして政府（公）という概念と仕組みがつくられてきたわけですが、それが主権論です。「主権」の概念が西欧近代国家論に登場したのは一六世紀です。

フランスのジャン・ボダン（Jean Bodin 一五二九～一五九六）は国家主権論を唱えました。彼の主権論は、国家が絶対的にしてかつ永続的な権力をもつというもので、「国家絶対主権論」です。彼の主権論が近代以降の中央集権的国家論を基礎付けてきました。トマス・ホッブス（Thomas Hobbs 一五八八～一六七九）も、強い主権をもった国家を定義し、ボダンの系譜に属します。

これに対して、ヨハネス・アルトゥジウス（Johannes Althusius 一五五七～一六三八）は、ボトムアップ自治を主体とした政治思想を発展させました。ボダンが王権を公認する全体主権論に対して、アルトゥジウスは「多層的秩序」の思想を構想し、「ボトムアップ主権論」「分割主権論」を導き出しました。アルトゥジウスは、三〇年戦争などを背景にしたオランダの商人階級を中心とする連邦主義の台頭と〝黄金時代（ゴールデン・エイジ）〟（一七世紀のオランダはこう呼ばれています）をみて連邦主義の理論家となりました。都市や小規模共同体の自治を擁護し、多数の集団が固有の権利義務をもち水平的なコミュニケーションをベースとする「ボトムアップ主権」を唱えたのです。

アルトゥジウスはドイツ人ですが、オランダのエムデンでカルヴァン派の神学者として、法学者・政治学者として活躍しました。彼自身もオランダのスペインに対する独立戦争と自治の動きに影響を受けましたが、オランダの共和制への動きもまた彼の哲学によって影響を受けました。共和制（republic）がpublicを語源にするように、アルトゥジウスの哲学は公共哲学だといえるでしょう。

当時の神聖ローマ帝国時代には、皇帝側は皇帝の代表権の主張にボダンを使い、その後の絶対王政はホッブスを利用しました。反皇帝側は自分の領地内の諸権利の主張にアルトゥジウスを引用しました。しかし、その後の時代はボダンの主権概念（絶対主権国家）の方が生き残っていきます。

ジャン＝ジャック・ルソー（Jean-Jacques Rousseau 一七一二～一七七八）は、『社会契約論』（一七六二）で、人民主権論を唱えました。彼の主張は「民の公共」が「政府（公）」を動かす直接民主主義的公共哲学の原像となりました。しかし、実際には彼の思想は、フランス革命（一七八九年）政府のナショナリズム政治哲学として利用されてしまいました。一般意志という愛国心の純粋性を強調することによって、偏狭なナショナリズムを生み出し、国家主権の絶対性をより強化することに使われてしまったのです。

さらに、ジョン・ロック（John Locke 一六三二〜一七〇四）は、『市民政府論』で、「政府が市民の所有権や信仰の自由を侵害するようなことがあった場合には、人々は訴えてでも政府に抵抗する権利がある」と唱え、一八世紀のカント（Immanuel Kant 一七二四〜一八〇四）は「世界市民的公共性（国際公共思想）」として、「一般意志」をより普遍的な世界市民の意志あるいは人権の理念としてとらえるなど、主権論には多くの議論があります。

カイパーの領域主権論

こうした主権論の中に、「領域主権論」（sphere sovereignty）というものがあることをご紹介したいのです。この主権論を導き出しているのが「補完性原理」という思想であり、現在のEU（欧州連合）の基本哲学となっています。

領域主権論は、オランダの神学者アブラハム・カイペル（Abraham Kuyper, 一八三七〜一九二〇、以下は英語読みのカイパーと表示する）が明示したもので、「領域主権」の英文（sphere sovereignty）は、カイパーが使用したオランダ語（soevereiniteit in igen kring）の英訳です。

カイパーはアムステルダムの自由大学の創設者であり、ジャーナリストであり、オランダで最初の大衆向け日刊紙『デ・スタンダード』を創刊し、五〇年間にわたり編集長を務めました。また政治家として、政党を設立し、四〇年にわたり党首を務め、首相も務めました。多くの神学論を書き、批評を行い多くの著書を出版し、オランダ改革派教会から分離して新しい教団も設立しました。

彼が一八七九年に設立した政党名は「反革命党」で、フランス革命への反対という意味です。フランス革命のような無神論に毒された自由主義に反対するという趣旨で、自由主義との思想的対決を強調し、宗派系（キリスト教会）の学校に対する公的補助の導入を中心的な要求に掲げました。この成功が、後のオランダの宗派・信条別の社会構造としての「柱状社会」化を促進しました[4]。反革命党は一八八八年の選挙で下院の過半数を制し、宗派連合政権が誕生し、カイパーは一九〇一年から〇五年まで首相を務めました。

カイパーは、アルトゥジウスのボトムアップ思想を一九世紀末に再発見し、「領域主権論」としてまとめました[5]。「領域主権」とは、「市民社会の各領域に分散されて委託された主権で、この委託された主権は市民社会の各制度に分権される」という思想です。つまり主権の分散化論です。カイパーは次のように述べています。

「神は主権を国家（国家主権）あるいは人民（人民主権）に委託するだけでなく、市民団体（公共空間）という領域（領域主権）にも委託する。国家は権利を委託された諸領域の一つに過ぎない」「各文化的領域は、神の創造の計画の中では各々の場をもっており、それぞれが神の支配の下に直接置かれている」。

「主権は国家のみがもつものではなく、家庭、学校、企業やさまざまな自由結社もまた主権をもてる。主権は生のニードのあるところに分け与えられている」。これら諸領域は、「国家から自立し、国家から干渉されない主権をもっている……政府はこれを保護する役割を担う」。

「領域主権は神から与えられたものであり、もしそれを国家が侵犯する時、神の支配への侵犯となり、国家への抵抗は罪ではなく義務である」。

カイパーが好きだった言葉の一つが「多様であること」だったそうです[6]。聖書は権力の分離を描写しているとカイパーは語っています。つまり、主権は人民のみならず、家庭、企業、NPOなどの結社にもあるという主権の分散化の哲学です。

前述のアルトゥジウスはルソーにも強い影響を与えたといわれています。アルトゥジウスの考え方は実質的に人民主権論であり、領域主権論です。個人・市民・家庭・血縁・教会、同業組合、相互扶助組織など多様な社会的グループが中間団体としての固有の役割と機能をもち、つまり主権を与えられているという点で、領域主権論の源流となっています[7]。

NPOにも主権がある

私たちは公共益を追求するために公共圏における活動基盤として「中間団体」（インターミーディエイト・アソシエーション）をつくってきました。労働組合、協同組合、NPO・NGOといったものはそういうものです。CSO（市民社会団体 Civil Society Organization）という呼び名もそうした「公共」（public）論の一環をなすものです。この中間団体論は、公共哲学では中心的に重要な意味をもってきました。本書では、これら市民活動団体をNPOという言葉で代表することにしています。

カイパーの主権論は、中間団体論としてとらえると、NPOも委ねられた範囲内で国家（政府）と同等の主権をもっていることを意味するものと考えられます。カイパーは、「生活、生命のニーズのあるところにこそ、関心をもった諸団体が形成され、それぞれの生活領域ごとに自主的な規範がボトムアップにつくられ、公の機関はそれを補完する」と主張しています。「国家（政府）から指導されるのではなく、個人と自由結社としての市民グループの下から湧き上がる生の意欲とモラルと社会的責任感が生き生きと市民社会を形成する」のです。ＮＰＯという中間集団には、ボランタリー（自発性）であるという自己の意志が介在しており、その故にそれが成熟した市民社会を形成するという考え方です。

学生時代に渡辺華子さんという方が書かれた『福祉国家――イギリス人とわたくしたち』（日本労働協会、一九六四年）という本を読んで、感激したことがありました。英国が福祉国家の母国といわれるに至ったのは、ベバレッジ卿（一八七九～一九六三）が英国内のコミュニティで行われている市民の活動を調査し（ベバレッジ報告『社会保険と関連サービス』一九四二年）、その中で政府が肩代わりできるものは肩代わりしたことから福祉国家ができあがっていったということが説明してあったのです。市民のボランティア活動が国をつくるのだと感じて感動したのです。

補完性原理の源流

一九九〇年代以降、ＥＵは急速に深化と拡大を進めています。そのＥＵの基本哲学は、「補完性原理」(subsidiary principle) です。これはカイパーの領域主権論が、現在のＥＵの基本哲学のベースとなっていることを示しています。

「補完性原理」とは、ＥＵ議会や委員会などの上位の指令や規定があるからといって、各地域の市民がすでに進めている同様の主旨の制度を廃止し、上からの指示であるＥＵの指令や制度とすべて同一にする必要はない、ＥＵからの指示は各地で市民の皆さんが行っていることを補完するためのもので、皆さんがすでに行っていることを優先（ボトムアップ民主主義）させてください、という意味の原則です。もう少し詳しく述べましょう。

補完性原理とカイパーの領域主権論は、表裏一体のものです。補完性原理とは、「個人でできることは個人で、個人でできないことは家庭で、家庭でできないことは地域社会で、さらに市町村・県・州、そして国でと、政治権力はこれらがその必要性を満たせない場合には介入するべき」というものです。(8)つまり、「個人を最も重視してなるべく下位の社会単位を優先するが、しかし下位の単位が十分にその機能を果たせない場合は、上位の単位は介入する義務がある」とするものです。個人・家庭・市民団体・組合から自治体・国家までの階層秩序の成り立ちにおける、各階層の主体性を前提としている考え方です。

補完性原理に基づくと、福祉制度のあらわれ方も異なってきます。オランダの場合では、社会保険や医療保険は産業別・職業別・宗派系の組合が担い、医療や介護サービスなどの福祉は地域の宗派系や市民系のＮＰＯが中心的に担う形となっています。国や行政の役割は財政支出と執行の監視です。制度の改定・整備もニーズの最先端で活動しているＮＰＯの試行錯誤を認め、その中からより良いものを制度として認定していくのが国・行政の役割となります。お金は政府の制度からくるが、運営は個々のＮＰＯが行っていくというやり方となるのです。

補完性原理の概念は、アリストテレス以来、欧州の歴史の中で生き続け補強されてきました。アリストテレスは『政治学』第一巻第二章で補完性原理の源流を発想し、カトリックはアリストテレスから強い影響を受けて神学の中に引き継いでいきました。カトリック教会では、一八九一年に教皇レオ一三世の回勅『レールム・ノヴァールム（新しきことども）』によって国家観の基本姿勢とし、一九三一年のローマ教皇ピオ一一世による社会回勅『クアドラジェシモ・アンノ』（四〇周年に）で明確に定義されることになり、戦後一九六二〜六五年の第二バチカン公会議では、戦争において聖戦は存在しないなど新しいカトリック教会として革新的なことが確認されていきますが、この公会議は補完性原理を踏まえたものとなっています。

他方、オランダのスペインとの独立戦争と州による自治への動きと共和制の誕生によっても強く補強され、進化してきました。オランダの独立戦争の頃の一六世紀に登場した先述のアルトゥジウスと、一九世紀末のアブラハム・カイパーが補完性原理／領域主権論を完成させたといっていいでしょう。

アルトゥジウスの政治思想は、オランダの政治的闘いであったスペインとの独立戦争と、「異なるイデオロギーの共存」（カトリックとプロテスタント、その後の人文主義、社会主義の登場などイデオロギーの多様化）というこの国の社会状況にフィットする考え方でした。アルトゥジウスを発掘し、深化させたカイパーの領域主権論と補完性原理は、その後の一九二〇～六〇年に形成・定着してきたオランダの「柱状社会」の形成に大きな理論的根拠を与えることになりました。

日本が経済的バブルに踊っている頃の一九八〇年代後半あるいは九〇年代初め頃、『共生』という言葉が流行ったことがありました。八〇年代の日本のバブル経済を背景に、世界の中で大きく露出する日本経済を世界とどう調和・共存させるかという議論の中に、「相互依存」や「共生」という言葉が登場したのです。共生の英語は「symbiosis」で、この言葉を最初に哲学の中に入れたのがアルトゥジウスです。「生活共同体」（consociation）の自立が尊重される「共生」の保持、それが補完性原理であり、その補完性原理に基づき主権論（主権の共有）を構築したのです。

この補完性原理が欧州の国家間条約の中に最初に明確に憲章化されたのは、一九八五年に欧州評議会が締結した「欧州地方自治憲章」で、またＥＵ条約に明記されたのは、九二年のマーストリヒト条約です（第三条ｂ項）。これはＥＵと加盟国との関係を規定する条約で、共通通貨ユーロの導入など、ＥＵの深化を進める基本条約となるものです。次のアムステルダム条約（九七年）で補完性原理はさらに徹底されていきます。こうして補完性原理は、ＥＵの中核的哲学として位置付けられてきました。ＥＵ主要国もその後の憲法改正では、次第に「補完性原理」を取り入れるようになっています。

ところで、補完性原理は、前述のように「より大きな集団は、より小さな集団（究極的には個人も含む）が自ら目的を達成できる時には、上位集団（国家等）は〝介入してはならない〟」という「介入限定の原理」として登場してきたのですが、現在では逆に上位集団による「介入肯定の原理」として語られるようにもなってきてしまっています。上位が下位に介入していく時にも、この論理を使うようになってきているのです[9]。

ＮＰＯ主権の明確化と補完性原理

補完性原理と領域主権論は、市民社会団体（ＮＰＯ）の存在と役割を理論化する概念でもあります。補完性原理は、可能な限り当事者の自由に任せるべきだという考え方で、「人間の尊厳」を踏まえた考え方です。また、生活共同体の自立を目指す考え方です。さらにいえば、補完性原理は信条・信念や生活様式の多様性を尊重することによって、多様な価値観と利害の共存を図る考え方です。それら各領域に主権があるというのが領域主権論です。

補完性原理には、近接性の原則、協働の原則、分権の哲学、当事者主権、熟議の原則の考え方を踏まえていることが指摘されています[10]。「近接性の原則」とは、人々の生活に近いところ、できる限り市民に近いところでなされることを優先する。「協働の原則」とは、行政と民間団体の関係についての原理でもあることを示しています。しかも、行政よりＮＰＯに対して優先権を与えるとする原則です。「熟議の原則」とは、下に任せるという考え方と下ができない場合は上が補完するという、そのあり方はいつも議論・熟議を通して役割分担が行われる、そのため熟議の原則が必須となるということです。

二一世紀の民主主義モデルとしての「オランダモデル」（第3章）を支える公共哲学も、このようにオランダで成熟してきました。このことから、オランダが世界で一番NPOセクターが大きい国であることも理解できますし、二一世紀の新しい民主主義制度の枠組みを「オランダモデル」と呼ぶべき意味もお分かりいただけると思います。

ところで、「公共」性に関する議論は、市民社会の重要性が見直されるに伴い近年になってますます国際的にも活発になってきています。中でもハーバーマスやハンナ・アーレントらはとくに知られています。[11] ハーバーマスは一七〜一八世紀に欧州、とくに英国で成立した「市民的公共性」の概念をモデルとして提示し、それを現代にあてはめて問題を提起しました。彼の示したモデルは、現在の公共哲学や市民的公共性論の基盤となっています。ハンナ・アーレントは二〇一二年の映画『ハンナ・アーレント』（マルガレーテ・フォン・トロッタ監督、ドイツ）でその問題提起が一層注目を集めるようになりました。

第2節　日本にはなぜ「公共」圏が存在しないのか

私たち人間の社会システムへの哲学的思考は「私・公共・公」の三元論によっていること、そして「公共」とは「私」と「公」を媒介する概念であることについて前節でお話ししましたが、この「公共」

圏の問題が、日本ではどのように認識されているのでしょうか。公共哲学的視点でみると、日本という「くに」の構造はどうなっているのかという問題です。

世界の普通の国（少なくとも先進国）の社会システムは、「私・公共・公」という三元論を踏まえて、つまり「公共」圏の存在を確固と踏まえて「主権」をとらえる形でつくり上げられてきました。それに対し、日本では公共（圏）が公（政府）に乗っ取られた形の国家システムがつくり上げられてきてしまったのです。公共圏は政府が面倒をみるから国民はすべて政府に任せておけばいいという、「公・私」二元論の国家システムを前提として成り立っている国が日本なのです。その結果何が起こってきたのか、そして今何が起ころうとしているのかをみてみましょう。

1．政府が「公共」を乗っ取る——「公・私」二元論の日本

日本における「公・私」二元論の誕生

日本の国家モデルにおいては、「公共」は「公」と一体化された存在となっています。つまり、日本では「公共」は「公」である政府に明治の近代国家の建国以来乗っ取られてきたため、日本には「公共」というスペース（領域／圏）がしっかりと存在していないのです。

日本は明治時代に近代国家をつくり上げる時、欧米列強に遅れてきたが故か、「私・公共・公」三元論ではもどかしいとして、「公・私」二元論で国家をつくってしまったといえます。「公共」圏は「公」（政府）が担当するもので、「私」（国民）は「公共」のことは政府に任せておけばよいのだという国家コンセプトです。福沢諭吉らの建国の留学組は欧州や米国から三元論を持ち帰ってきていたはずですが、

国家権力の吸引力の前に、いつのまにか二元論に飲み込まれていってしまったのに違いありません。

ところで「公共」という言葉は、publicの翻訳上の造語として生まれたのではなく、欧州で公共哲学が体系化される以前から東アジアで語られていたことを、「東アジア発の公共哲学」として、金泰昌先生は次のように紹介しています。(12)

「公共」の認識は、中国思想、とくに朱子学的考え方を継承した側面がかなりあり、「公共」の最も古い用例は、中国前漢の武帝の時代の紀元前九一年頃に出た司馬遷が編纂した中国の歴史書『史記』にさかのぼるとのことです。『史記』の中では、法律とは、『天子（皇帝）が天下万民と共に公共する所（現場・時空）』という書き方がされています。また、一一三〇～一二〇〇年頃を生きた朱子の『朱子語類』の中に、「公共」という言葉が何度も出てきます。使い方は二種類あり、一つは「天下公共」もう一つは「衆人公共」で、前者は天（理）と民衆との間の「公共」、後者は民衆と民衆との間の「公共」という、二つの文脈で「公共」が出てくる、とのことです。

日本にも豊臣秀吉の時代に中国から伝わり、「公共」という言葉が登場するのは一七世紀あたりとのことで、「公共」という言葉を「公」と区別して使ったのは、山崎闇斎（一六一八～八二）、伊藤仁斎（一六二七～一七〇五）、山鹿素行（一六二二～八五）らで、本格的に他者（西洋）と出合って「公共」を論じたのは、横井小楠（一八〇九～六九）、それに次いで田中正造（一八四一～一九一三）であるとされています。また、publicに「公共」という言葉をあてはめたのは、明治に入って、西洋語の翻訳にあたり、造語の一つとして、ポルトガル語の「プブリコス」に、それまで使っていた「公」だけでは物足りないということで、「公共」という言葉をあてた、と紹介しています。

さて、「公共」という言葉を、他者（外国）との対峙において明確に思想化したのは、幕末の思想家・

横井小楠です。横井が「公共」を初出したのは一八五三年で、第5節で詳しく述べますが、横井は「天地公共の実理」という言葉を使って、いかなる国も規制する普遍的な「公共」の概念を引き出しました。公共の〝公〟は「公正・公平」、〝共〟は「共なる精神」を示し、〝公儀・公論を尽くし〟「公共の政《まつりごと》」をなせと説きました。

彼は「開かれた公共性」を国家の中核概念とすべきこと、「公共」とは政府領域のことではなく、政府は「公共」圏での議論から生まれた公共益を踏まえて政治を行うべきことを説いたのです。この点で、横井の「公共」は、「public」の本質的意味にとても似ている、あるいはほとんど同じだといっていいでしょう。

しかし、日本社会では明治の近代国家形成を通して、「公共」は「公」に飲み込まれ、「公」と同義（意）語となっていきました。公共のことは政府（公）がすべて行うから、国民（私）（個人も企業も「私」）は政府のいうとおりについてくればいいという倫理思想がつくられてきました。

公共を公に絡め取る倫理と言葉がつくられ、教育が行われてきました。「滅私奉公」「官尊民卑」という言葉や、「教育勅語」（一八九〇年）、「国体の本質」（一九三七年）、「臣民の道」（一九四一年）などの文書が出されてきました。これらの言葉や文書によって、政府が国民に対して公・私二元論を強制してきたのです。

皆のために働きたい、社会のために働きたい（公共のために働きたい）と考える「私」は、「私」を殺して「公」（政府や天皇）に尽くす以外に方法がなく、それが「公共精神（公共性）」の観念とされたのです。

○滅私奉公――「私」を捨てて公の恩に報い、「公」のためにすべてを捧げて奉仕すべしという意味です。「公」のために、自分の命すら捧げる覚悟で生きるのが国民の美徳であるという倫理観で、明治から太平洋戦争終結までの近代日本には、国家益のみが存在しました。「公」とは天皇であり、天皇の意志を施行する装置が官＝政府でした。この言葉によって、「私」は「公」に飲み込まれることになりました。

○官尊民卑――「官」は尊く（「官」の意志が尊重され）、「民」は卑しい（「民」の意志は軽んじられる）という意味です。「官」は「公」のことで、支配者つまり政府です。「公」は常に正しく、すべての国民のことを思い、それ故に尊い存在。「公」によって国民は正しい方向に導かれ、生活の向上は、官の「情け」によるものという倫理観です。

そして、公私二元論の中核的要素となったのは、いうまでもなく天皇制です。日本の天皇は欧州の国王たちとは違います。欧州の国王は王権神授説で、国王は神から統治するよう選ばれた者、王である権威を神から授かっているという形です。ですから、国王が神のいうことに反する行動をとった（とみなされる）場合には、国王を追い出せばいいのです。

他方、日本では天皇を〝神〟そのものとしてしまいました。現人神《あらひとがみ》です。神とはそもそも不可侵の概念であり、無謬性をもっています。国民からみたら神は悪いことをするはずがなく、常に正しく国民のことを思っているはずですから、その神のご聖断に従って国政をしている政府は悪いはずがありませんし、間違うはずがありません。現人神としての天皇制が公私二元論の形成に絶対的な影響と力を与えてきました。

「公私」二元論によって、「自分がやってほしいこと（例えば介護など）を主張するのは公共のことを考えないわがままな振る舞いだ」「お上の情け（ほどこし）をありがたく黙って受け取ればよい」という社会的雰囲気（日本文化論でいう「空気」）[13]の蔓延による消極的なシステムと、前述のような「滅私奉公」の公式化による積極的な教育システムの構築によって、そして独特の君主制（現人神）によって絶対的なものとなり、私たちは多方面から完全にいつも「公」（天皇・政府）に絡め取られてきました。

「私」（私益）のためでなく、世界の貧困のために、平和のために尽くそうといいたい時も、「公共」のため（万人のため）に尽くそうという言葉はついに生まれず、そうした言い方ができず、「公」（お上／政府、かつては天皇）のために尽くそうという言葉でそれを表現するしかなく、結局「公共」のための主張や行為も、「公」のための主張や行為としてすり替えられ絡め取られてきたのです。

本来「公共（public）」は、これまでも述べてきたように、政府・国家（government、state）とは全く異なる言葉であり、概念であるはずなのですが、日本では「公と共に」という文字を意図的にあてはめることによって、「政府と共に」（戦前は天皇と共に）という言葉となって、「公」との相互互換性をもたせ、共通語として使われてきてしまったのです。

教育による「公共」性の剥奪

戦前の教育・社会システムとなっていたこれらの言葉が示す倫理観は、戦後も形を変えて生き続けてきています。「滅私奉公」は、戦後は奉公する相手が会社の社長に変わっただけで、私たちは、自分や家族のことを省みずに企業戦士となって会社に尽くしました。また、「官尊民卑」は「官主導」という言葉に変わり、「官」＝役人が書く経済計画に従って工業化への道を邁進してきました。そして、官主導経済は多くの過剰な規制・認可制度をもたらし、それがまた「官」の権力基盤を強化することにつながってきました。

また、「滅私奉公」は、戦後は一気に逆転して「滅公奉私」となったとも批判されています。戦後の民主主義と自由社会の下で、日本人は「私」に尽くす（奉私）というミーイズム／自己中心主義的な態度が強くなったというのです。戦後の自由社会下での「滅公奉私」は、戦前の「滅私奉公」の観念が単に逆に振れただけで、「両者は共犯関係にある」と指摘されています[14]。

このミーイズム批判を利用して、再び、滅私奉公社会をつくろうとしているのが、日本の現代のポピュリズムとしての新保守主義です。公と私を二極対立させていると、オセロのコマのように、黒と白のどちらかにひっくりかえしていくという、貧しい発想しか生まれないのです。

日本社会では依然として危機や時代の変革期になると（今がそうですが）、英雄待望論が登場します。坂本龍馬などの幕末・明治の英傑がもてはやされ、独善的な思い込みをもって一方的に発言する政治家が人気を博す傾向にあります。こうしたポピュリズムの登場は日本だけではありませんが、公私二元論の日本ではとくにこうした英雄の振りをし、強気の振りをする人が強い人気をもち、メディアももてはやす傾向にあります。

しかし、二一世紀のリーダー論はすでに変わっているのです。二〇世紀までのリーダーは、俺についてこいと、強引に人々をひっぱっていく力のある人のことを意味してきました。しかし、二一世紀のリーダーは、人の話をよく聞き、皆の「つぶやきを形に、思いを仕組み（システム）に」していく力のある人です[15]。まず重要なのは、人の話を聞き、人々が何を望んでいるのかを把握する傾聴力です。

第1章で紹介した「日本人」のチャリティ度の低さは、日本人にはチャリティ精神／ボランティア精神が特別に欠けているからではなく、国民はそのようなことをしなくてもよい、それは政府がするから、公（政府）に任せておけばいいのだと、単にそう教育され続けてきたからにほかなりません。そして、公はそうした教育を通じて、政府（お上）のやることに文句をいったりする者やグループは周囲から何となく白い目でみられそうな空気をつくり出すことに成功してきました。ＫＹ（空気が読めない）という言葉が一時（現在も）流行り、いじめの対象となっていますが、公私二元論も日本の国家的空気がつくり上げてきたものの一つでしょう。

日本では社会（公共）のことはすべてお上に任せておけばいい、お上がやってくださる、私たちは公共のことに手を出さなくてもいいという考え方を教育され続けて生きてきたのです。それは生まれた瞬間からの両親の教育から学校教育、社会教育、企業教育を通じて、一つの呪縛となって私たち日本人の心の中に深く深く根付き続けているのだと思います。

人種は遺伝しますが、文化は遺伝しません。教育によって伝承されていきます。明治以来、現代もなお、私たちは「公・私」二元論によって教育され続けているのです。だから公共を公とは別の意味のはずだと思いながら、自動的に一体化してしまう思考の中に、私たちは依然陥ってしまっているだけなのです。

イラク人質三人の若者と「公共益」

「公共」という概念が「公」の中に絡め捕られていることによって、現在の日本では何が起こっているのでしょうか。日本のさまざまな〝問題の根源〟が実はここに存在しているといっていいと、私は考えています。以下にお話しするような、現在起こっていることを知ると、二元論教育の恐ろしさを感じざるをえません。

二〇〇四年四月七日、イラクで日本の三人の若者が拉致されました（四月一五日無事解放）。この三人に対し日本のメディア、政治家、国民によるバッシングは今思い出しても信じられないほどに激しいものでした。

ブッシュによるイラク戦争の開始に米国民の八〇％以上が支持したことを思えば、人間というのは政治権力の力によって、信じ難いほどに一方にぶれることがあるといってしまえばそれまでですが、日本社会の場合は、とくに「公共」の概念がないため、お上への追随の場合はそれが追い風となって一層過激になってしまうようです。この時には、「NGOがスタッフを海外に派遣する場合には政府の承認を必要とするようにすべきだ」というとんでもない悪のりの意見すら学者から出てきました。これは公私二元論からのみ発想する、世界でも日本の学者しかできない発想でしょう。

この日本の状況について、拉致後の四月二〇日付フランスのル・モンド紙は論説で、イラク日本人人質事件で、日本政府などの間で「自己責任論」が台頭していることを紹介し、「日本人は人道主義に駆り立てられた若者を誇るべきなのに、政府や保守系メディアは解放された人質の無責任さをこき下ろすことに汲々としている」と批判しました。とくに、解放された人質が「イラクで仕事を続けたい」と発言したことをきっかけに、「日本政府と保守系メディアの間に無理解と怒号が沸き起こった」と指摘。「この慎みのなさは制裁まで伴っている」とし、「人質の家族に謝罪を要求」した上に、健康診断や帰国費用の負担を求めたと批判しました。

この論説は三人の行動について、「（人質となった日本人の）若者の純真さと無謀さが（結果として）、死刑制度や難民認定などで国際的に決してよくない日本のイメージを高めた」と評価しています。パウエル米国務長官（当時）が人質の三人の若者に対して、「危険を冒す人がいなければ社会は進歩しない」と慰めの言葉を贈ったとル・モンドは紹介しています（「共同通信」〇四年四月二一日付記事から一部引用）。このル・モンドの記事の直後から、日本ではメディアによる三人へのバッシングが突然終わり、またたく間に忘れられていきました。

ル・モンドを始め、欧米の人々には彼ら三人がなぜイラクに行ったのかが理解できるのです。それは「公共益」のためです。イラクの普通の人々も人間として尊厳ある存在として扱われるべきこと、彼らが一方的に殺されていること、劣化ウラン弾問題、子どもたちの教育問題など、イラクの普通の庶民の問題を自分の問題として引き受け行動することは、人類益、つまり公共益に沿うものです。

しかし、私たちの社会では、「公共」は「公」と一体となっているため、「公共益」は「公益」、つまり政府政策と合致しなければなりません。彼らの行動は、日本政府の政策とは異なるものでした。そのためそれは自分勝手でわがままな個人的行動として糾弾されたのです。しかし他方、「私・公共・公」三元論の世界では、彼らの行動は公の政策とは一致しないかもしれないが、「公共」益（人類益）に沿うものとして評価されるのです。

鯨肉横領疑惑とグリーンピース裁判

もう一つお話ししましょう。オランダに国際本部のあるグリーンピース・インターナショナルは、絶滅危惧種の鯨を保護する海洋生態系保護運動を展開しており、グリーンピース・ジャパンと連携して取り組んでいます。

日本政府は調査捕鯨と称して、南氷洋の鯨保護区（サンクチュアリ）として国際条約によって決められたところに毎年一〇三五頭（目標）もの鯨を殺しにいっていました（近年は捕鯨船の故障やシーシェパードの妨害や国内の鯨肉の需要減少と在庫拡大などで捕獲数は減っています)。「生態系調査」において、対象の生物を毎年一〇〇〇余頭も殺さねばならない調査など科学的・生物学的には本来ありえないのです。頭数や群れの目視・観察や糞の採取、そしてきわめて少数の捕獲・解体によって行われるべきものです。

それを日本政府は「調査」と称して行ってきました。それは鯨肉を国内市場で商業的に販売し、政府の補助金とこの鯨肉の売上金で再び南氷洋に捕鯨船を出すためだと批判されてきました。政府の補助金は毎年七億〜一〇億円でしたが、二〇一二年度からは約四五億円へ拡大しており、さらに一二年度には復興予算二三億円が調査捕鯨事業の借金返済にあてられました。国内の鯨肉の需要も年々減少し、年間三〇〇〇トン前後の消費量に対して在庫はその倍以上になっているようです。

オーストラリアが反発(反対)するのは、希少資源となっている鯨を守るということもさることながら、鯨を観る観光産業が大打撃を受ける恐れがあるからです。南極海にはオーストラリアの海岸でホエールウオッチングの観光産業の対象となっている鯨の群れが季節に応じて子育てなどのため回遊しています。それを日本の調査捕鯨船がやってきて群れごと捕獲して殺してしまうと、翌年にはこの海岸には鯨が突然やって来なくなることになりかねないのです。

オーストラリア政府(途中からニュージーランドも加わりました)は、この日本の調査捕鯨のやり方は国際条約に違反するとして国際司法裁判所(本部オランダ・ハーグ)に提訴しました。同裁判所は「日本の調査捕鯨は透明性に欠け捕獲数が過大であり違法」と判断し、「科学性は認められない」という判決を下しました(一四年三月)。

ここでは捕鯨に反対か賛成かは脇に置いておいて、以下は「公共」の概念の話として読んでいただきたいと思います。

この捕鯨船の乗組員だった人から、最高級の鯨肉を船内で個人的に私物化し、地元に持ち帰って売って儲けている人物がいる、しかも継続的に何年も行われていて、地元には鯨御殿が建っているという内部告発を受けてグリーンピースは調査を始めました。

捕鯨船が帰港するとまず宅配便会社の大きなトラックが横付けされ、ダンボールに入った乗組員の膨大な荷物を集荷していきます。グリーンピースはその中からそれらしいものを追跡し、青森の倉庫で中身は「ダンボール」と書かれたたくさんの箱を見つけました。調査員たちはその中の一つを確保し、開けてみるとまさに最高級の鯨肉の塩漬けが詰まっていました。写真をとり、再梱包しましたが、もしこのまま鯨肉を返却したら、あれはグリーンピースのやらせだといわれたり、証拠能力がなくなることを恐れ、それをそのまま宅配便会社の倉庫に返さず確保し、検察に持ち込み告発したのです。

しかし、鯨肉を確保して検察に持ち込んだ二人は窃盗罪で逮捕され、起訴されました。他方、農林水産省や捕鯨の実施機関である（一財）日本鯨類研究所や横領した乗組員は不起訴となりました。当初グリーンピースの事前の問い合わせに対し、乗組員へのおみやげなどというものを含めそのようなことはありえないと否定していたにもかかわらず、鯨肉の横領側は全く起訴すらされませんでした。国民の税金で派遣された捕鯨船が捕獲した鯨肉は当然国有財産です。また国際条約に基づく調査の名目で殺された鯨の肉は一種の国際財であるはずです。

もちろん、二人は、鯨肉の入った「ダンボール」と書かれた箱を宅配便会社から持ち出したことについて、それが法律的には違反となる恐れがあることは知っており、それを覚悟した行為でした。検察でもその旨答え、捜査に全面的に協力しました。

残念ながら、グリーンピースの鯨肉確保の行為に対する一般的な日本での反応は、捕鯨は反対だが、あるいはグリーンピースの活動は支持しているが、悪いことをしてまで反対運動をするのはよくないという域を出ず、また警察側は二人の逮捕現場をメディアに流すなどして報道させ、グリーンピースが違法団体であるという印象を与えようと腐心しているかのようでした。

日本の政府やメディアはそれまで、意図的と思えるほどにグリーンピースと、暴力行動も辞さない捕鯨反対運動団体のシーシェパードとを同一の団体のようにみせかけようとしてきましたが（鯨類研究所のホームページ等）、その後のシーシェパードの単独行動が明確になっていくに従い、メディアも非暴力主義のグリーンピースと暴力を容認するシーシェパードとは違うことを認識するようになっていきます。

例えば次のように考えてみてください。公共の場である図書館において、何度も図書館の本を盗んでいる人たちがいるという通報があった。それを調べたら本当にやっている。そこで窃盗犯たちの隙をついて、その盗まれた本の入ったカバンを確保してそのまま警察にもっていき、「この人たちが盗んでいる証拠なので、調べてください」といった。そうしたら、「お前は人のカバンを盗んだ」と逮捕、起訴され、裁判となり有罪になってしまった。しかも、盗みを繰り返していた犯人たちは、全く見逃されて何も捜査されない。このようなことがあったら、誰もがずいぶんおかしな話だと考えるのではないでしょうか。グリーンピースの二人がしたことはそういうことだと思います。

この裁判は、二〇一〇年検察側の窃盗罪による一年六カ月の実刑求刑に対して、青森地裁と仙台高裁は窃盗事件としてのみ裁き、以下に述べるような国際的な人権裁判としての考慮は一切入れず、有罪一年・執行猶予三年の判決を下しました。

国連人権委員会からの批判

日本も批准している国際人権規約は、ＮＰＯ（ＮＧＯ）にも、ジャーナリズムと同様に、公共の利益のための告発権限（表現の自由）を認めています。国際人権規約は市民社会活動（ＮＰＯ）の権利をジャーナリスト同様に保護するために導入されたものといっていいのです。欧州人権裁判所でも、「一般的な〝公共の利益〟に関する問題」についての「情報や思想を広めること」によって、「国民的議論に貢献できる」ような活動をしているＮＰＯ活動には、報道機関と同様な表現の自由が保障されるとの判断を示しています。

この国際条約によって、ＮＰＯなどが政府の不正を調査し情報公開する権利は認められているのです。従って、このグリーンピース・インターナショナルのようなケースは、グリーンピース側が不起訴あるいは無罪となり、鯨肉横領疑惑側が起訴されるのが国際的な常識なのです。

日本のこの状態は、鯨肉問題に留まらない問題を含んでいます。公共益に反することを調べ、告発行動を行う自由が（それがＮＰＯ活動の一つなのです）、市民社会から実質的に奪われているということを意味します。

この「鯨肉裁判」は、公共益を侵害する鯨肉横領疑惑事件としてではなく、宅配便会社から鯨肉の入ったダンボール箱を盗んだ窃盗事件の裁判に矮小化されてしまいましたが、弁護側の論述は日本の裁判史上画期的なものがあり、注目されました。

弁護団は、「不法領得の意思がない、正当行為に当たる、処罰することは憲法二一条に反する」。さらに日本国憲法より精緻な「国際人権（自由権）規約に違反する」と主張しました。日本も批准している国際人権規約（条約）を根拠として、民主社会においてジャーナリストやＮＰＯが不正を追及する権利はどこまで守られるべきか、について追及しました。もちろん弁護側は、捕鯨船団内において不正な鯨肉の取り扱いがあったことも追及しています。

鯨肉横領問題をめぐるグリーンピースの二人の裁判について、国連人権委員会は日本政府に対し強い懸念を表明しました。この裁判について、二〇一〇年五月に来日したナバネセム・ピレイ国連人権高等弁務官が新聞取材に答え、「言論と結社の自由の問題」として、「NGOによる調査は、社会にとって非常に重要な役割。グリーンピースに限らず、一般的に尊重されるべきだ」と発言しました（朝日新聞、五月一五日付）。また、国連人権理事会の下にある「恣意的拘禁に関するワーキンググループ」は、グリーンピース・ジャパンの二名の逮捕・拘留は世界人権宣言及び国際人権（自由権）規約に違反するとの勧告意見を日本政府に伝えました。しかし、日本政府も裁判官もこれらについて何の配慮も示しませんでした。

「公共益」かどうかの判例基準

グリーンピース・ジャパンは、証人として欧州人権裁判所の判例理論に詳しいヘント大学（ベルギー）のデレク・フォルホート教授を招聘し、証言しました。欧州では、「外形的に違法行為であっても、その行為がもたらした公共の利益が違法性と比べて大きい場合には、いくつかの条件下で違法行為を罰しないことが認められる」という判例が、欧州人権裁判所などで積み上げられてきているのです[16]。

こうした「公共益」のための行為かどうかの裁判の裁定基準、つまりNPOが政府の不正等に関する情報を収集し、発表をする際に形式的に法に触れたとしても、欧州人権裁判所では、以下の八点の規範に基づいて審理が行われるとのことです。

①公共の利益に関する情報を明らかにするという目的があること
②他に代替的な手段がないこと（他にこのような情報を開示する手段あるいはチャネルがなかったということ）
③開示される情報の真正さが確実であること
④法に触れて入手するものが非常に重要な証拠であること
⑤法に触れることによって侵害される利益が大きなものではないこと（この人の行為によってもたらされる損害が表現によって得られる利益と不均衡なものでないこと）
⑥行為者に利得の目的がないこと
⑦不当にセンセーショナルな方法によって発表されることがないこと（倫理的にも誠実に行動していたことが明らかであること）
⑧裁判で厳しい制裁を行うと、他の者に萎縮効果を及ぼすことになる場合（政府による不正を暴く行為が萎縮されることがないよう）

こうした八点の判断によって、それに沿っていれば公共の利益のためのやむをえざるものとして「無罪」と裁定されます。鯨肉裁判の被告のケースは、この八項目のいずれも認められるので、欧州人権裁判所であれば完全に無罪になるケースと、フォルホート教授は証言しています。

二〇一〇年一〇月の青森地裁の判決では、裁判長は、「刑罰法規に触れる違法な行為をして他人の権利を侵害した場合には、目的が公益で正当なものであっても、処罰及び強い非難はまぬがれない」という趣旨の説明をしました。これに対して弁護団の一人であった日隅一雄弁護士は「裁判所は個別具体的に処罰をするべきかどうかを判断することを避け、形式的に違法であれば、処罰されるべきであるという秩序を重んじた判断をしたといえる。市民の投票行為・政治活動・政治判断に影響を与えるような情報よりも、秩序が常に高い価値をもつとされる社会を、民主主義的な社会と呼ぶことができるだろうか」と書いています[17]。

日本では報道の自由、知る権利が脅かされていることは、海外からいつも指摘されてきましたが、とくに近年はその指摘が強まっています。国際ＮＧＯの国境なき記者団が二〇一六年四月発表した「報道の自由度ランキング」で、日本は一八〇カ国・地域で七二位でした。先進国の中ではとてつもない低さです。これは一〇年は一一位でしたから、安倍政権になってから順位の低下が著しいことが分かります。「メディア自体が首相に対して自主規制しているかのようだ」とも報じられています。一六年四月に訪日した国連特別報告者デービッド・ケイ氏は、「日本では報道の独立性が重大な脅威に直面している」と指摘しています（朝日新聞二〇一六年四月二四日付）。その背景には、メディア幹部と政府高官との密接な関係や沖縄の抗議活動に対して過剰な力の行使や多数の逮捕などがあると指摘しています。

ここまで述べてきたように、私たちの日本の社会では、「公共」が「公」と一体化しているため、「私」が社会のために何かしたいと思って行動すると、それが政府の政策と一致しているならば問題ありませんが、そうでない場合はうさん臭くみられるか、あるいはバッシングに遭うか、あるいは逮捕されて有罪になる可能性があるのです。一旦逮捕されると、「法律違反をしてまでやってはいけないはず」と人々（国民）は一挙に切り捨て、強い拒否反応を起こすことになり、その行為の裏にある「公共」益について関心を示そうとしないのです。

だから「日本人」はダメだなどといっているわけではありません。私たちはそう考えるように政府によって（社会の空気によって）教育されてきているために〝しょうがない〟のです。

日頃学生たちと付き合っていて、日本の若い人たちの問題もここにあるのではないかと感じます。私（筆者）自身のずっとずっと昔の学生時代と今の学生たちとは大きく違いますが、それでも依然として明確な共通点が一つあると思います。これからの人生を自分はどう生きるのか。社会に貢献できる人間になれるのか、お金はあるにはこしたことはないが、社会に貢献する生きがいある幸せな生き方ができるのか、震える思いでそう考えている点です。

そして、社会のために貢献できる人間になろうとして行動すると、政府の政策と一致していればよいのですが、公共益には合致しても政府（お上）の政策と一致していない部分がある場合は、周囲からのとんでもないバッシングか迷惑そうなうさん臭い目に晒されることになりかねません。

他方、政府／行政の政策と一致しているとしても、自分たちがやっていることは行政からの安い下請けのような位置付けに陥っていることにしばしば気づかされます。そんないやな思いは止めようと社会から抜け出しオタク族になるか（オタク族を非難しているわけではありませんが）、世の中（政治）に無関心になり、社会とできるだけ関わらない、危なげない日常生活を追求するしかなくなります。

こういうことでは新しい日本などできるはずはありません。しかし他方、近年ＮＰＯ活動の評価が高まることによって、若い世代がＮＰＯ活動に関心を示す比率は昔に比べてかなり高くなっていると感じられるのも確かです。

2．戦後も公・私二元論が続いているのはなぜか

日本国憲法の「公共益」と「公益」

これまでお話したように、明治以降日本は近代国家システムを二元論でつくってきました。敗戦によって天皇は日本の〝神〟から人間となり、憲法で〝象徴〟となり、民主主義が本格的に導入されましたが、戦後も依然として二元論であり続けています。これは実に不思議なことだといわざるをえません。なぜ戦後もなお、公私二元論が継続し、「公共」は政府に乗っ取られたままになっているのでしょうか。

実は、戦後導入された新しい日本国憲法（一九四六年一一月三日発布）は、「私・公共・公」の三元論でできあがっています。

日本国憲法には四カ所に「公共」という言葉が、「公共の福祉に反しない限り」という言葉で登場します（一二条、一三条、二二条、二九条）。これは「政府の政策に反しない限り」という意味ではありません。「政府（国）益」を越える「公共益」というもっと大切なものを指しているのです。

憲法第一三条は「すべての国民は個人として尊重される。生命、自由及び幸福の追求に対する国民の権利については、公共の福祉に反しない限り、立法その他の国政の上で、最大の尊重を必要とする」とあります。しかし、政府（実態的には与党政治家たち）は、絶えず、この「公共」を「公」の領域としてとらえようとします。「公共」（益）に反しない限りという言葉を、政府の政策（国益／政府益）に反しない限りという意味へすり替える作業を頭の中で自動的に行っているのです。

とくに国会議員になると、この国を導くのだと、「公共」を「公（政府）」と同意語として使い、「公共の福祉に反しない限り」を、「政府の政策に反しない限り」、さらに「自党の政策に反しない限り」と思

い違えてしまうのです。教育基本法はこうした思考回路でつくり直され、「公共」を「公」と変えてしまった典型的なものとなってしまいました。

国家公務員法第九六条には、「すべて職員は、国民全体の奉仕者として、公共の利益のために勤務しなければならない。」と規定しています。これも同様に、法律としてしっかり「公共」が規定されているのに、私たちはこの意味をしっかり把握することもありませんでした。『公共の利益（福祉）』も「公（政府）の利益」＝「公益」と読み換えられ、実態的には権力を握った政党の利益を遂行するものになってしまっています。「公共」を「公」と同一であって、「公共圏」などないと教育されてきた私たちにとってはどうしようもないことなのかもしれません。

しかしこれからは、役人も私たち国民も、それが市民の熟議を経た合意による「公共益」に則ったものなのか、政党やリーダーの「私益」を「国益」と言い換えているのではないのかを、常に問わねばなりません。その問いを皆で行うことこそが民主主義です。

二元論が戦後も残ったのは、戦後の高度経済成長を支えた政府（官僚）主導体制の成功も要因の一つだったかもしれません。また、戦後の日本の支配体制には、人的にも戦前体制が温存され、政界・財界・教育・報道の分野で戦前の権力者が続投したことも理由としてあげられるでしょう。そのためアジアに対する太平洋戦争の戦後処理がきちんと行われずに七〇余年が過ぎてしまっています。

また、戦後の日本における社会主義運動が市民性をプチブル（プチ・ブルジョア／小市民）と揶揄して激しく批判したことも、日本に市民社会が育たなかった要因の一つではないかとも思います。あるいは宗教界の怠慢の故とも指摘されています。

記者クラブ制度の温存

しかし、最も貢献しているものの一つは「記者クラブ制度」の温存だと私は思っています。記者クラブ制度は、戦前の国家総動員体制の時に、戦争情報を管理する大本営発表を統一的に管理・統制報道させるための政府のメディア統制策の一つとして設置されたものです。

この記者クラブ制度は、戦後もどういうわけか温存され続けています。戦後にＧＨＱ（連合国軍総司令部）は報道の自由を阻害するとして解散を目論見ますが、日本新聞協会は「記者クラブは記者の有志の親睦社交を目的とするもので、取材上の問題には一切関与しない……」と約束して解散をまぬがれることに成功しました。しかし現在は記者クラブの会員記者を「除名」したり「登院停止処分」などにすることもできる、報道の統制と相互監視の機関となってしまっています。

記者クラブ制度の存在によって、実質的に日本の主要（大手）メディアは依然として大本営発表的報道を中心としてしか伝えないという体質を続けてきています。戦後も二元論を継続してしまっている最大のトリックの一つが記者クラブ制度にあるのです。

私がもし大手メディアの記者で、どこかの記者クラブに配属されたら、次のような思いが頭の中を駆けめぐるだろうと思います。もし政府高官の発言や政策を私だけが本質を見抜き強く批判する記事を書いた場合、高官から私の上司のところへ私を問題視する通報が入るかもしれない。そうなると私は記者としての情報入手も、出世も難しくなるかもしれない。また、私が高官の発言の提灯持ちをする記事を書けば、高官は喜んで私に時には特ダネをくれるかもしれない。そうなると私は上司から褒められ出世できるかもしれない。

記者クラブ制度は、本人はいっぱし自立的な記者であると思っていても、自ずから抑制・萎縮機能が働くことになるだろうと危惧します。原子力発電政策の歴史をみても分かるように、基本的には政府政策が無批判に垂れ流されることになります。そして、批判しているようにみえる場合も、本質的問題以外の枝葉やゴシップにおいてのみ行い、あたかも政府批判をしているかのようなフリをしているに過ぎないのです。

例えば、日本では各地のデモの状況（東京のデモもいうまでもないが）についてはほとんどといっていいほど報道されません。例えば、ドイツの新聞なら各地のデモの状況はかなり詳しく取り上げられるそうです（ローカル紙が強いためもあるが）。しかし、日本ではかなり大きなデモでもめったに記事にはなりません。デモは公共性の表現であり、本来最も記事にすべき出来事のはずなのですが、多くの場合政府批判のデモであるため、日本のメディアはできるだけ取り上げないという不文律ができあがってしまっているかのようです。

日本は記者クラブのメンバーとなっているような主要メディア（新聞・テレビ）の影響力が世界の先進国の中でも非常に強い国の一つとして知られています。ジャーナリズム（メディア）の最も重要な役割は、「世論を喚起し、市民を社会参加や政治参加へと促す『公共的役割』を担った存在である」はずです。ジャーナリズムは「市民に議論の場を提供し市民活動を支援してさまざまな問題解決の手助けをすることで民主主義を生かせる」ことができるはずです。日本のジャーナリズムには、「市民社会をNPOとメディアが協働してつくっていくことの意義や役割が自覚されていない」と指摘されています。[18]

記者クラブ制度が解体されない限り、日本の民主化や公共性の回復も起きない、もしくは起きにくいだろうと思われます。メディアが行うべき最も重要なCSR（企業の社会的責任）行動は記者クラブ制度の解体だと私は確信しています。

日本語のトリック――公共益を公益と言い換える

もう一つ基本的な点を指摘すれば、戦後も二元論が継続している最大のトリックは、日本語そのものの中にあるのです。

日本語の『公共』を、広辞苑第六版（二〇〇八年）で引くと、「社会一般、おおやけ」とのみあります。つまり、「公共」は日本語の言葉としてしっかり定義されていないのです。

そこで、「おおやけ」を引くと、漢字は「公」で、意味を記載順に書くと（番号付けは筆者）、①天皇、皇居、中宮（宮中）、朝廷、②政府、官庁、官事、国家、③社会または世間、④表だったこと、公然、⑤私有でないこと、公共、公有、⑥私心のないこと、公明、公正となっています。「公共」という言葉から引き出される「おおやけ（公）」とは、まさに天皇と政府（国家）が中心的概念となっていることが分かります。

さらに漢字の「公」を引くと、①おおやけ、②朝廷、官府、国家、③社会、世間または衆人、おもむき、④主君、諸公、貴人、等と出てきます。

日本語自体が、このように「公」と「公共」の一体化が行われており、というよりも公共は公の派生語的な取り扱いとなっており、しかも「天皇」や「政府」の意味合いが強調されたものとして提示されています。この広辞苑の内容を読むと、先ほど紹介した英語辞典のpublicとは掲載順が真逆になっており、その意味合いはかなり違和感のあるものになっていることに気づきます。

このように、日本語では「公」と「公共」は一体的・互換的に使われています。つまり、「公共」という言葉自体が、いつでも「公」へ変換可能な言語になっています。「公」がいわゆる上位語なのです。つまり、「公共」という日本語自身がすでに「公」に乗っ取られているのです。

日本語には、public interestに相当する「公共益」という言葉がないのです。消し去られているのです。public interestに相当する公共益という言葉には、「公益」という日本語があてられています。広辞苑をみると、「公益」は、「国家または社会公共の利益」と出てきます。つまり、公共圏で熟議して合意に達した公共益は、「公共益」という日本語ではなく、「公益」という日本語をあてることによって、知らぬ間に「国家の益（国益）」に乗っ取られているのです。いわゆるＮＰＯ法でも、公共益という言葉はなく、公益という言葉が使われていることは皆さま承知のとおりです。

なお、広辞苑の「公共」には「社会一般」と「おおやけ」の二つしか掲示されていませんが、公共工事、公共調達など四文字熟語は実に多く収録されています。第六版からはさらに新しい言葉が収録されました。一つは「公共哲学」で、「市民的な連帯や共感、批判的な相互の討論に基づいて公共性の蘇生を目指し、学際的な観点に立って、人々に社会的な活動への参加や貢献を呼び掛けようとする実践的哲学」とあります。もう一つは「公共圏」で「共通の関心をもつ人々が、社会のあり方や社会的利益について討議する場。ハーバーマスの用語……」とあります。近年の世界と日本での「公共哲学」の興隆で追加されたと思われます。

憲法八九条の問題

戦後の日本はまさに依然として公私二元論であったことを証明するものの一つとして、憲法八九条の存在があげられます。

第八九条〔公の財産の支出または利用の制限〕公金その他の公の財産は、宗教上の組織若しくは団体の使用、便益若しくは維持のため、又は公の支配に属しない慈善、教育若しくは博愛の事業に対し、これを支出し、又はその利用に供してはならない。

この条項は、ＮＰＯのような市民社会団体に税金を提供することは、憲法が禁止しているという主張の根拠として長い間使われてきました。これが日本の市民社会団体の育成を遅らせてきた理由の一つでもあります。

日本では普通の人々が市民活動の一つとして法人の設立を申請しても通ることはありませんでした。法人として認可されるためには長年の実績と大きな財産（基金）をもつ必要がありました。逆に政府が必要と感じ、政策的に設立する団体は、「公（政府）の支配」に属しているからすぐに設立の認可が下りることになり、そのため利権や天下り目的のため各省が競って関係団体の設立を図っていくことになりました。

現在の日本国憲法は、前文をはじめすばらしい内容と文章でできあがっています。しかし、八九条のこの「公の支配」という言葉の存在は、私たち日本人が戦後の憲法をつくる時も、基本は三元論に基づいていても、やはり「私・公共・公」三元論に疎く、各論になると二元論思考でつくっていた傾向を証明する象徴的なものとなっていると感じます。

この「公の支配」を英訳すれば当然ながら、「under the control of public authority」です（政府の公式訳から）。つまり、実際は「公（政府）の支配」ではなく、「公共の支配」なのです。この「公共」には政府も含みますが、市民的公共も含む概念なのです。しかし、日本語として「公共」（public）の意味で「公」を使うことで、その後意図的に「公」＝「政府」の支配ということになってしまってきたのです。

前述のように、この「日本語のトリック」が、日本の混乱と曖昧性の起点となっているといえます。

この条項を作成した人々は、ここで使った「公」はpublicであり、「公共の支配」であることは理解していたが、通常の日本語として語呂のいい「公」を何らかの不注意かあるいは不審も抱かず使ってしまったのでしょう。本来の意味の「公共の支配」とそのまま素直に記しておけば、市民が熟議し合意に達した公共益を実現するために、公共圏にいる市民が中心となって構成する機関によって管理（監視）される活動団体には当然税金を提供することができると、その後の私たち日本人には素直に解釈できたはずです。

当然ながら、「私・公共・公」三元論を前提とする民主主義の国であれば、民主的に選ばれた政府は、それが政府機関（公）による管理であっても、市民社会活動への税金の提供は疑う余地なく当然と考えていいのです[19]。

日本語の「公」は天皇や政府・国家という定義として明確に設定した上で、「公共」には定義を与えず、公に代替する言葉として位置付けられており、公共から公へ、いつでも置換できる言葉になっているのです。但し、前記のように「公共」は「公」へ直ちに置換されますが、公共を一旦乗っ取った「公」は、再び「公共」へ置換されることがないのが日本語のもう一つのトリックとなっています。近代国家明治時代の形成から現代もなお、私たちはこの巧妙な日本語のトリックに嵌まったままで、しかもその呪縛の中にいるのです。

publicをなぜ「公」と訳すのか

こうした日本語のトリックは他にもあります。前述の日本も批准している「国際人権規約」（一九七六年発効）の翻訳をみてみましょう。一二条に適用除外規定があり、日本語では「国の安全、公の秩序、公衆の健康若しくは道徳……」に関わる時には人権規約を適用除外できうるという規定があります。原文（英語）では、「国の安全」は「national security」、「公の秩序」は「public order」、「公衆の健康若しくは道徳」は「public health or morals」です。公も公衆もpublicなのです。「公の秩序」は「公共の秩序」と訳されるべきですが、「公」と訳すことによって、いつでも「国家の秩序」と置き換わり、国益のための秩序、政府が政策として明示する秩序へと簡単に置換されていき、ますます「公共の秩序」という言葉が含む市民性から遠くなっていきます。

ある大学の入学式での学長の訓辞を聞きました。「諸君は何のために大学で学ぶのか……世界には貧困や紛争など多くの問題があります……「私益」のみを追求しても決して幸せにはなれません……」とすばらしい訓辞なのですが、その後に「だから……諸君、『公』のために生きようではありませんか……」と展開されるのです。私益よりも「公」のために尽くそうという論理展開は、日本語としては間違いではないのでしょう。しかもこれを英語に翻訳すれば公はpublicと訳すことになるでしょう。しかし私たち日本人の頭の中では、話し手がいっている「公」とは「公共」のことだと瞬間的には感じても、やがて「公共」をすり抜けて、「公」はいつでも「国家（政府、戦前なら天皇）のために生きよう」へと置き換わりうる国語の構造になってしまっているのです。

publicとは「皆のこと」という意味なのだろうと私は思っています。しかし、日本ではこれに「公共」、つまり「公（天皇・国家・政府）と共に」ととれる日本語をあてることによって、「public」のことは政府マターであり、政府がすべて行うから国民は関与しなくてよいという意味に容易にすりかえられるトリックを可能にしてきたのだといえます。この考えの下に、近代国家の体裁を整える明治憲法や民法などを制定し、倫理を規定し、社会の仕組みがつくられてきました。publicを「公と共に」(公共)という訳を意図的にあてたところから、あるいは横井小楠の唱えた本来の公共の意味を敢えて曲解させてきたところから、日本の設計図は歪み始め、歪み続けてきたのだといえます。

私はここで、publicの訳を「公共」ではない別のものにしろといっているのではありません。少なくとも、publicを「公」と訳さず、「公共」と訳すようにしようといっているのです。public interestは「公益」ではなく、「公共益」とすることから始めねばなりません。いわゆるNPO法でも「公益」となっていますが、NPO法の公益の公はpublicと訳すでしょうから、当然「公共益」とすべきなのです。「公」という言葉を英語に訳す時には、公を「official, government」か「public」へ都合のいい方に訳すことになります。こうすれば日本の公私二元論のカラクリは世界にバレません。

世界の中で自分の国・日本を位置付け、考えるためにもそういう姿勢こそ重要になっているのです。英語ならpublicと訳されるであろう場合には、公共という言葉を使用すべきだといっているのです。もう一度いいます。「公」に乗っ取られた「公共」を「公」から引き剥がすためには、「公共」を「公」と言い換えないことから始めねばなりません。英語でpublicと訳されうるものは、しっかり「公共」と表現することです。

赤い羽根募金と靖国問題

「赤い羽根共同募金」について、私も含め、長年季節の風物詩として胸に赤い羽根をつけてきた人々やその仕事を一生懸命やってきた人々のことを貶すつもりは全くありませんが、日本の赤い羽根の独特さを思うと、次のようなことをいいたくなることをご容赦ください。毎年一〇月一日になると、日本では「赤い羽根」募金キャンペーンが行われます。赤く染色された鶏の羽根を胸に付けて、困っている人のために「社会貢献」したことを公開するのです。赤い羽根募金をみるたびに、これは二元論から発した寄付制度に違いないと思ってしまいます。

前述のように、日本の国家システムは、国民は社会（公共）に関わらなくてよいという戦略（思想）でつくり上げられてきました。しかし、人間には困った人の役に立ちたいという「善意」が本能的に誰にでもあります。そうした善意を具体的に行動化するための仕組み（ガス抜き）が必要だと政府は考えたのに違いありません。しかし、国民は「公共」のことは政府に任せるという仕組みに慣らされていて、一体どの目的のどの団体に寄付したらいいのかについて自分で考えることはできないに違いない。そこで、政府が「善意」を寄付の形で一元的に集め、国民に代わって配分してあげましょうと。「赤い羽根」はそうした発想から誕生した国民一律寄付制度なのではないかと。

戦後数十年間、赤い羽根は国民的運動でした。しかし、NPO法の導入とNPOセクターの形成を背景に、この二〇年余の間にかつての機運（モメンタム）は大きく失われています。国民は自分で寄付先を選択できるようになってきたということなのでしょう。

近世までの日本は、「結《ゆい》」「入会《いりあい》」など、共同体内で相互扶助をする文化をもっていました。しかし、明治以降の近代化によって、国家システムの形成を優先するあまり、市民参加システムの形成を図ろうとする動機づけが遅れました。あるいは、市民参加システムの形成が意図的に規制されました。第1章で紹介した国際比較調査のように、日本人のチャリティ／ボランティア度が低いのは、日本人にそうした精神が乏しいのではなく、単に明治以来の二元論の国家システムと教育によるものなのです。

publicを「公共」と「公」の両用で使い分け、相互乗り入れし、いつでも「公」へ取り込み、ナショナリズムに向かわせることによって、日本はかなり無理な国家運営を続け、多くの亀裂をもたらし、窮屈な日本にし続けてきました。日本が正しくpublicを理解し、「公共」圏をつくり上げればずいぶん楽な、生きやすい、活力のある日本になるに違いありません。その一つが靖国問題です。

この点は稲垣久和先生が『靖国神社「解放」論』（光文社）で紹介していることですが、靖国問題も同様に、公共圏が政府に乗っ取られた明治以来の「公・私」二元論の発想に基づいていることが問題の本質に存在しています。日本以外の国、ドイツも英国も米国もオランダ等々も、戦争に徴兵され戦って死んだ人々は「公共」の場で弔われています。従って、慰霊の場には、その国の主要な宗派の礼拝堂が設置され、人種や宗教に関係なく、あらゆる人々がそこには祀られ、みんなが戦死者を弔います。「私・公共・公」三元論では、戦争はもちろん政府の命令によるものであり、それによって戦死したわけですが、戦争に行った人々は、家族を守るため、コミュニティを守るため、まさに「公共」益と信じて戦争に行ったのです。従って、公共の場で弔うのです。そうでない限り、政府権力のために無理矢理戦わされ戦死したのでは、死が矮小化されてしまうことになります。

これに対して日本の「公・私」二元論の世界では、戦争に行った人々は、「私」から出て、「公」のため（国家のため、天皇のため）に戦争に行き、「公」のために死んでいったことになります。従って「公」（政府／天皇）が弔うことになり、靖国神社で弔うことが当然という発想となり、そのことを不思議とさえ思わなくなってしまっています。日本に「公共」の哲学が根付けば、靖国問題は自動的に解決されることになるでしょう。[20]

「民」という言葉の認識の違いについても同様です。小泉元首相は、「官から民へ」を標語としていました。この場合の「民」とは「市場」のことであり、決して「市民的公共性」、つまり市民によるNP

Oセクターに任せようという発想では全くありませんでした。日本では民とは市場のことであり、企業（民間）のことなのです。

第3節　自民党の日本国憲法改正草案に隠されたカラクリとは

基本的人権条項（九七条）の抹消

日本国憲法は、「公共」をしっかりと位置付けていることについて何度も書いてきました。しかし、自民党政権はいつも公共を公が乗っ取った明治以来の近代国家構築の欠陥構造のままにし、むしろそれを正当化しようとする、おかしな国家をつくり続けようと努力しているのです。

勝手に憲法の解釈を変更（集団的自衛権や一連の安保法制）して、七〇余年にわたって定着してきている平和憲法の根幹の思想を、変えてしまおうとしています。ヒトラーの時代のように、権力を一旦もてば何でもしていいという時代へ、歴史が多くの命と引き換えに学んできた私たちの「現代」を再び過去へ逆行させようとしているかのようです。

自民党が二〇一二年に発表した二度めの日本国憲法改正草案をみると、それがよく分かります。自民党案は、すでに七〇年近くにわたり私たちの生活に定着してきた憲法を大幅に改定し、この「くに」の形を大きく変えようとする内容となっています。

格調の高いことで知られる現行憲法の前文は、全面的に削除され、冒頭から「日本国は、長い歴史と固有の文化をもち、国民統合の象徴である天皇を戴く国家」と出てきます。そして第一条は「天皇は日本国の元首」へと変更されています。

前文にある「人類普遍の原理」も「平和的生存権」も削除されています。憲法は国民〈市民〉が政治権力者を規制するためのものですが、そうした姿勢を示すものは削除されてしまっています。

「前文」では、「人類普遍の原理」については次のように記されています。

「そもそも国政は、国民の厳粛な信託によるものであつて、その権威は国民に由来し、その権力は国民の代表者がこれを行使し、その福利は国民がこれを享受する。これは人類普遍の原理であり、この憲法は、かかる原理に基くものである。われらは、これに反する一切の憲法、法令及び詔勅を排除する」。

この文章は抹消され、第九七条「最高法規としての基本的人権の本質」も全面的に削除されています。このような憲法の基本的前提を欠落させた憲法草案なのです。

現行憲法第九七条〈最高法規〉〈基本的人権の本質〉この憲法が日本国民に保障する基本的人権は、人類の多年にわたる自由獲得の努力の成果であつて、これらの権利は、過去幾多の試錬に堪へ、現在及び将来の国民に対し、侵すことのできない永久の権利として信託されたものである。

逆に自民党案の前文は、国民が守るべきことについて、「日本国民は……」といろいろと説教を垂れています。「現行憲法は主語が国民であるのに対して、草案の主語は国家でしかも天皇が強調されています」[21]。時代錯誤も甚だしい、国家主義的なものの復古を目指しているとしか思えない内容です。

公共を公へ置き換え

こうした姿勢は現行憲法に四カ所ある「公共」という言葉のすべてが、自民党案では「公」に置き換えられていることからも象徴的に分かります。

■現行憲法第一二条〈自由・権利の保持の責任とその濫用の禁止〉この憲法が国民に保障する自由及び権利は、国民の不断の努力によつて、これを保持しなければならない。又、国民は、これを濫用してはならないのであつて、常に公共の福祉のためにこれを利用する責任を負ふ。

●自民党案第一二条〈国民の責務〉この憲法が国民に保障する自由及び権利は、国民の不断の努力により、保持されなければならない。国民は、これを濫用してはならず、自由及び権利には責任及び義務が伴うことを自覚し、常に公益及び公の秩序に反してはならない。

「公共の福祉のために」が、「公益及び公の秩序」に換えられています。その上に「自由及び権利には責任及び義務が伴うことを自覚し」と、国民へ説教しています。

■現行憲法第一三条〈個人の尊重・幸福追求権・公共の福祉〉すべて国民は、個人として尊重される。生命、自由及び幸福追求に対する国民の権利については、公共の福祉に反しない限り、立法その他の国政の上で、最大の尊重を必要とする。

●自民党案第一三条（人としての尊重等）全て国民は、人として尊重される。生命、自由及び幸福追求に対する国民の権利については、公益及び公の秩序に反しない限り、立法その他の国政の上で、最大限に尊重されなければならない。

「個人として」を「人として」に変えてあるのは、基本的人権論の欠如を意味します。戦後の日本の問題は個人主義の行き過ぎによると考える人々がいます。それには「個人の人権」を削除してしまえばいいのだという論理を持ち出している無茶苦茶な事例です。人間の基本的人権を守ることは人類が命をかけて闘い取ってきた価値観です。それと個人主義の行き過ぎとは全く別の問題であることに気づかない人々が憲法を改定しようとしているようです。

■現行憲法第二二条（移住・移転及び職業選択の自由、外国移住及び国籍離脱の自由）何人も、公共の福祉に反しない限り、居住、移転及び職業選択の自由を有する。

② 何人も、外国に移住し、又は国籍を離脱する自由を侵されない。

●自民党案第二十二条（居住、移転及び職業選択等の自由）何人も、居住、移転及び職業選択の自由を有する。

2 全て国民は、外国に移住し、又は国籍を離脱する自由を有する。

第二二条では、「公共」という言葉が自民党案では削除されてしまっています。「公益及び公の秩序に反しない限り」と書き換えるにはあまりにもあからさまと思い、いっそのこと削除してしまったのでしょうか。

■現行日本国憲法第二九条〔財産権〕財産権は、これを侵してはならない。
②財産権の内容は、公共の福祉に適合するやうに、法律でこれを定める。
③私有財産は、正当な補償の下に、これを公共のために用ひることができる。

●自民党案第二九条〔財産権〕財産権は、保障する。
2 財産権の内容は、公益及び公の秩序に適合するように、法律で定める。この場合において、知的財産権については、国民の知的創造力の向上に資するように配慮しなければならない。
3 私有財産は、正当な補償の下に、公共のために用いることができる。

第二九条でも、「公共」は「公」に転換させています。「公共の福祉」から「公益及び公の秩序」への書き換えです。但し、第三項の「公共」は自民党案にもそのまま残っています。「公」では政府がいつでも財産を取り上げることができるという感じになって、あからさまだと気づいたからでしょうか。

また、「公益及び公の秩序」を新たに挿入したところもあります。第二一条の「表現の自由」への締めつけを意図して挿入されています。

■現行憲法案第二一条〔集会・結社・表現の自由、通信の秘密〕集会、結社及び言論、出版その他一切の表現の自由は、これを保障する。

②検閲は、これをしてはならない。通信の秘密は、これを侵してはならない。

●自民党案第二一条〔表現の自由〕集会、結社及び言論、出版その他一切の表現の自由は、保障する。

2　前項の規定にかかわらず、公益及び公の秩序を害することを目的とした活動を行い、並びにそれを目的として結社をすることは、認められない。

3　検閲は、してはならない。通信の秘密は、侵してはならない。

つまり、政府の政策に反しない限りにおいて、結社及び言論、出版の自由を認めるという、信じ難いほどにとんでもない内容になっています。まさに、この法案をつくった人々は「公共」public の深い意味に全く無知で、同時に「公共益」の実現・拡大を役割とする「公」ではなく、権力をとったものが国益という名目で私益を実現できるような道具につくりかえてしまおうとしているといえます。

そして九条二項も放棄

そして、第九条第一項の戦争と武力行使の「永久放棄宣言」は軽くなり、第二項の戦力不保持と交戦権の否認宣言は完全に放棄されています。そして国防軍の設置と領土（領土・領海・領空）の保全の確保を明記しています。

■現行憲法第九条〔戦争の放棄、戦力及び交戦権の否認〕日本国民は、正義と秩序を基調とする国際平和を誠実に希求し、国権の発動たる戦争と、武力による威嚇又は武力の行使は、国際紛争を解決する手段としては、永久にこれを放棄する。

②前項の目的を達するため、陸海空軍その他の戦力は、これを保持しない。国の交戦権は、これを認めない。

●自民党案第九条〔平和主義〕日本国民は、正義と秩序を基調とする国際平和を誠実に希求し、国権の発動としての戦争を放棄し、武力による威嚇及び武力の行使は、国際紛争を解決する手段としては用いない。

2 前項の規定は、自衛権の発動を妨げるものではない。

第九条の二（国防軍）我が国の平和と独立並びに国及び国民の安全を確保するため、内閣総理大臣を最高指揮官とする国防軍を保持する。

第九条の三（領土等の保全等）国は、主権と独立を守るため、国民と協力して、領土、領海及び領空を保全し、その資源を確保しなければならない。

自民党改定案だと、〝権力者〟が「公益及び公の秩序を害する」と〝判断〟したら、表現の自由をいつでも規制できる形へ変えられてしまっています。権力者が国益という名目で私益を実現しうる仕組みとしてのファシズムへの道への、究極の仕組みの導入が以下の自民党案の「緊急事態条項」（九八・九九条）の導入です。

●自民党案第九十八条〔緊急事態の宣言〕内閣総理大臣は、我が国に対する外部からの武力攻撃、内乱等による社会秩序の混乱、地震等による大規模な自然災害その他の法律で定める緊急事態において、特に必要があると認めるときは、法律の定めるところにより、閣議にかけて、緊急事態の宣言を発することができる。

2 緊急事態の宣言は、法律の定めるところにより、事前又は事後に国会の承認を得なければならない。

●自民党案第九十九条〔緊急事態の宣言の効果〕緊急事態の宣言が発せられたときは、法律の定めるところにより、内閣は法律と同一の効力を有する政令を制定することができるほか、内閣総理大臣は財政上必要な支出その他の処分を行い、地方自治体の長に対して必要な指示をすることができる。

2 前項の政令の制定及び処分については、法律の定めるところにより、事後に国会の承認を得なければならない。

3 緊急事態の宣言が発せられた場合には、何人も、法律の定めるところにより、当該宣言に係る事態において国民の生命、身体及び財産を守るために行われる措置に関して発せられる国その他公の機関の指示に従わなければならない。この場合においても、第十四条、第十八条、第十九条、第二十一条その他の基本的人権に関する規定は、最大限に尊重されなければならない。

4 緊急事態の宣言が発せられた場合においては、法律の定めるところにより、その宣言が効力を有する期間、衆議院は解散されないものとし、両議院の議員の任期及びその選挙期日の特例を設けることができる。

実質的に内閣総理大臣への全権委任条項です。地方自治体も国民もすべてを権力者の指示に従わせることができる。衆議院も解散されず、両議院の任期・選挙期日の特例をつくることもでき、選挙を行わなくてもいいことも可能となります。ヒトラーは、当時最先端の民主的憲法であったワイマール憲法（一九一九年）に基づく民主的選挙によって選ばれ登場しました。しかし、一旦権力をもつと、自分と自分の党（ナチス）の「私益」を追求し始め、ファシズムへの道を邁進していきました。この自民党案はそれに似ています。ヒトラーが日本に登場するかどうかをいっているのではありません。ヒトラーが登場しうる仕組みをもつ憲法へ、この二一世紀になって改悪しようとする歴史感覚が理解できないのです。とても危険なことだと思います。

このように、日本で今起こっていることは、市民による国づくりではなく、それとは全く逆の、公が公共圏を支配下に置くことを強化し、政権による独裁への道づくりであり、二〇世紀前半までの戦争国家への懐古趣味的風潮の謳歌だということが分かります。

日本の最大の問題は、明治の建国以来、国家リーダーと称する政治家たちの心と頭の中に「公共」という言葉が全く入っていないことなのです。

第4節　世界は公共圏の再生を目指してどのように動いているか

シールズ（SEALDs）は公共圏創出運動――世界に伝播する新しい市民連合

日本の本格的な構造改革に最も必要なことは、日本が普通のくにになるためには、公私二元論を脱却し、市民の熟議を促し、NPOセクターの形成を促進して、三元構造（第3章参照）をつくり上げることであることはお分かりいただけると思います。この点で、民主党の鳩山政権は「新しい公共」という言葉を導入しました。これによって「公共」という言葉がみえるようになった効果は大きかったと思いますが、結局定着しないまま政権を追われてしまいました。

日本は近代国家の国づくりにおいて、「公共」という概念を敢えて欠落させてきました。本来、政府益（国益）と公共益とは限りなく合致しているべきものです。公共益を実現し守り、広げるために政府益（国家）はつくられてきたのですから。つまり、公共益と政府益（国益）とは合致しているのかどうかをいつもチェックする必要があるのです。それが市民（国民）参加によるより良い国づくりへの道のはずです。そのためには、公共性（公共圏）というものをしっかりと認識し、それによって形成された日本をつくる必要がある、というのが私がいいたいことです。

「公共益」とは何かということを考える（熟議する）ことも大変難しいことだと思います。これに比べ、「国益」とは何かをのみ考える方がずいぶん楽でしょう。国益は自分の国さえよければいいのだという単純な私益だけの思考で考えればいいのですから。私益と同様、「他者」を考えることがなく成り立ちうる思考だからです。自分だけの思考で成り立ちうる発想はとても楽ですし、勝手に勇ましく表現することができます。だから戦争への道を歩み始めると強硬論がカッコよくみえ、それに抗するのは難しくなっていってしまうのです。

尖閣諸島の国有化の発想はそうしたものの一つでしょう。私たち日本人の発想が依然として前世紀的であることが不思議でなりません。しかし、今まではそうであっても、現代の国益は、そうであってはならないことはいうまでもありません。

公共圏とは、対話し熟議をしている場のことです。その熟議によって合意されうる「公共益」とは一体何かを考えることは実はなかなか難しいことだと思います。そのことに最後に触れておきたいと思います。

公共益とは、分かりにくい概念かもしれません。前述のように、地球益（環境問題など）や人類益（人権問題など）や地域益という言葉が馴染みあるものになってきたので、かなり考えやすくなってきているとは思います。「市民益」というのもいいかもしれません。

公共益は「他者」を踏まえ、共に考えるものです。自分たちだけが、日本のくにだけがよければいいという発想ではダメなのです。世界の中で、世界の人々と一緒に、私たちの公共益を考える必要があるということです。

公共益を考えるためには、哲学から考え説き起こす必要があります。とくに正義とは何かという正義論を踏まえることは必須となります。その点で、日本でも、サンデル教授らの正義論がブームになるのをみていると、日本にも「公共性」について考える時代的要請が理解され始めるようになったと感じられるように思います。

安保法制問題を契機にシールズ（ＳＥＡＬＤｓ／自由と民主主義のための学生緊急行動）が登場し、注目を集めました（二〇一五年五月設立、一六年八月一五日解散）。シールズが登場した時、ついに日本にも「公共圏」の形成を求める運動が始まったのだと、私は感動しました。民主主義って何だ⁉、皆で議論しようよ、それが民主主義だろ‼　といっていたからです。安保法制の反対派も賛成派も中間派も分からない人も、皆で一緒に議論しようよ、という発想に感動したのです。
シールズが目指している運動の手法などを上げると次の点が指摘できると思います。

①徹底した非暴力主義であること

②「ことば」を何より重視していること。私を主語にしていること

③熟議しようよ、とお互い議論することを最優先としている活動であること

④つまり、民主主義の回復を目的とした運動であること

⑤個人の集まりであること、動員されたわけではないのに、労働組合、生協、NGOなど多くの市民団体や、そして一般の人々が集まっていること

⑥日本の新左翼が帯びてしまった党派的な排他性から脱却していること、昔の政治運動と比べて、普通の人々が関わっていること。その結果、高齢化したこれまでの草の根運動の人々を含み進化してきているといえること

⑦そして、最も重要な点は活動の目的を、憲法を踏まえた政治こそが民主主義の出発点であるということからスタートしていること

⑧「この国の主権者はわれわれである、勝手なことはさせない」という覚悟が突き動かしていること。憲法一二条「この憲法が国民に保障する自由及び権利は、国民の不断の努力によって、これを保持しなければならない」のまさに実践活動であること

こうした点こそ、まさに公共圏をつくろうよという発想であり、考え方です。情報を交換し合い、対

話し議論し合うことで、私益から公共益へ乗り移ることを通して、私たちは公共益への新しい合意へ向かいうるということを、経験的に信じることができるようになるでしょう。

公共圏を取り戻す、あるいは回復する運動は、現在国際的に伝播しつつあるようです。日本ではシールズが代表的なものですが、香港では雨傘運動、英国では「まちを取り戻せ」（ロンドンを市民の手に取り戻せ／Take Back the City）運動がそれに当たります。

英国の「まちを取り戻せ」運動は、グループ名は二〇一五年に設立されましたが、一一年頃から始まっていた、普通の市民が生活し、子どもを育てられるロンドンにしようという運動です。組織には九の原則があります。

①クリエイティブ――社会変革を起こすには、創造性や芸術性が必要である
②コミュニティ――変化はコミュニティから起こる
③民主性――まちが大企業や金融資本の利益のために支配されるのではなく、もっと民主的な運営がされること
④平等性――人種、性、階級、宗教、年齢、障がいによる差別に反対し、すべての人を平等に扱う
⑤インクルーシブ――全員が協働で行動を起こす
⑥オープンマインド――参加者のアイディアを積極的に取り入れる
⑦ラジカル――革新的動きがあるからこそ、変化をもたらすことができる
⑧自治――人の個性、特技を生かす
⑨ヒエラルキー――参加者全員がそれぞれの役割、責任をもつ

フランスにも最近同様の運動が起こっていることを知りました。『ル・モンド・ディプロマティーク日本語版』FBでの土田修さんの報告によると（二〇一六年六月一六日）、パリの中心部にある共和国広場では毎晩、多くの若者たちが集まり、大衆抗議運動「ニュイ・ドゥブー（屈しない夜）」の集会が開かれているとのことです。非暴力直接行動主義をベースとする直接民主主義の実験として、欧州メディアはこぞって注目し報道しているようです。

土田さんの報告から引用してみましょう。「集会は個人参加のみで政党や政治団体の参加や発言は認められていません。グローバル経済や新自由主義に異を唱え、経済中心ではなく人間中心の社会をめざし、労働や女性、住宅、教育、環境などさまざまな社会問題について各部会で徹底議論したうえ、総会で全体意見として取りまとめています」「政治は政治家だけのものではない、自らの意思を政治に直接届けよう、といった主張は日本のシールズの若者たちの運動にも通じます」「ニュイ・ドゥブーは二〇一一年五月にスペインで自然発生的に始まった『怒れる若者』たちによる『15M運動』や、同年九月にニューヨークで始まった格差是正を求める『オキュパイ運動』、さらには一四年の香港での『雨傘運動』などの流れを汲んでいます。まず公園や広場など公共空間を占拠し、特定のリーダーを置かず、総会と部会を設置して、議論を尽くす新しいタイプの非暴力的な抗議行動は、世界の潮流になっているといえます。しかもスペインの『15M運動』からはポデモスという新しい政党が出現し、現在、組閣に絡むなどスペイン政界に大きな影響力を行使しています」「ニュイ・ドゥブーの運動はフランス全土だけでなくカナダのモントリオールなど海外にも飛び火している」。

このように、世界で新しい市民連合運動の潮流が起こり始めているといえるようです。

「公共の福祉」と公共益のチェックリスト

公共益に、「最大多数の最大幸福」（ベンサム）という言葉をあてることが時にみられますが、誤解の恐れがありふさわしくありません。この言葉は選挙権を拡大するという主張として当時の時代的意味がありましたが、その後は誤解しやすい言葉となっていると思われます。公共益とは「数」ではなく「質」だからです。民主主義にも致命的な欠陥があることは第3章で触れますが、私たちはすぐに「数」優先の思考に堕落しがちで、多数者の都合で使われることになりかねません。そうなると多数から漏れたマイノリティの権利は簡単に疎外されることになってしまいます。

憲法に書いてある「公共の福祉」とは、人権と人権の衝突を調整する言葉であり、実質的公平の原理をいうとする見解が主流のようですが、公共の福祉という言葉も公共益と共通した言葉です。

現行憲法では、国民の基本的人権を制限できるという意味で、「公共の福祉」はきわめて重要な言葉です。憲法一三条「すべての国民は個人として尊重される」とし、人権の発想を「個人」という言葉によって多様性を踏まえた形で規定しています。人権も他者の名誉やプライバシーや人権を侵害してまで獲得できるわけではありません。但し迷惑をかけない限りにおいて認められるという制限といえます。私たちの生活は他者との協働関係を前提に成り立っています。従って、誰にも基本的人権を無制限に認めるわけにはいきません。その調整（制約）を認める言葉が「公共の福祉」です。公共の福祉が人権の濫用を制御していることになります。つまり自分の人権だけでなく、他者の人権も尊重しなければなりません。社会的弱者の生活の改善や向上を図るのも同じ論理です。公共という言葉は他者との共存を前提として存在しているのです。

公共益かどうかをチェックするリストがあります。公共益には基本的な前提条件（基準）があります。

それは私たちの現在の日本国憲法に書いてあります。

・諸国民との協和（世界とつながって議論したか。日本だけよければいいという自国の利益のみを追求したものでないか）
・主権は国民（市民が議論して合意したのか）
・平和を愛する諸国民の公正と信義を信頼しているか
・正義と秩序を基調としているか
・国際平和を誠実に希求したものであるか
・基本的人権を侵してはいないか
・人類普遍の原理に則ったものであるか
・平和的生存権に基づいているか
・国民の福祉の向上につながるものであるか
・生命・自由及び幸福を追求する権利を侵していないか
・思想、良心、信教の自由や権利を侵してはいないか
・集会、結社、言論、出版、表現の自由を侵していないか
・居住・移転・職業選択の自由を侵していないか
・知る権利は保障されているか
・誰もが一人ひとり個人として、その生き方や存在を尊重されているか（多様性としての個人が認められているか）

・平等で、何人にも差別はないか
・少数者を無視していないか
・暴力の排除
・戦争と武力の行使は永久に放棄されているか
・プライバシーの権利
・正義によって行われているか

憲法こそが、市民である私たちが熟議を通して合意したものが本当に公共益なのかどうかをチェックする前提基準として存在しているのです。

繰り返しになりますが、公共性について、もう一度整理させてください。

「public（公共）」領域は、私（市民／個人）も、企業も、政府も、みんなが関わるべき領域です。政府は、公共領域の利益を守り拡大するためにつくられた統治システムです。しかし、この政府（国家）は民主主義制度の下でさえ、しばしば独裁化して戦争を起こし、あるいは企業と癒着して腐敗してしまうなど、必ず堕落していきます。

〝国益〟なるものは、しばしば（あるいは絶えず）堕落するものだということを私たちは歴史から学んできたはずです。ここで誤解が起きないよう一つ追加しておきます。私（筆者）は欧米の方が優れているなどといっているわけでも、欧米の方式を真似るべきだといっているわけでもありません。自由・平等や人権思想は欧州で先に誕生してきましたが、それは欧州がそれだけ自由・平等的でなく、人権無視が甚だしかったから誕生した思想であろうし、そうした思想を獲得した後も、自由を剥奪し、平等でなく格差社会であり続け、ナチスのユダヤ人虐殺等々のように人権無視が続いてきました。

自由・平等や人権の思想は欧州で誕生したからこれは欧州の思想だ、という人はいないでしょう。これは人間が多くの犠牲を払って獲得してきた人類の思想だと誰もが今は考えていることでしょう。同様にこの公共哲学の思想も、欧州の由来か、東アジア由来かということもさることながら、人類（人間）が獲得した普遍的な思想の一つだと思います。

欧州の歴史は公（政府）が公共圏を乗っ取ろうとしてきた歴史であったことはご存知のとおりです。しかし「公共圏」はいつもしっかりと存在し続けていました。日本は近代国家の形成当初から政府が公共圏を乗っ取り、そうした公共の哲学を拒否し、公私二元論教育を行ってきた国であり続けているということ、それによって市民が社会参加してくにづくりを行うことを意図的に潰してきた国であるということを指摘しているだけです。日本の私たちは「公共」について教えられることもなかったのです。とくに、太平洋戦争が終わった後も、公私二元論教育が続いてきたことも、実に不思議な国だと感じます。

政治は、民主主義政治であっても、時には腐敗し、時には公共益の追求を忘れ、統治者の私益の追求の場となります。政府の政策（国益）に反しても追求すべき「公共」益というものがあり、それが優先するのだということをシステムとした国へと日本をつくり直すことが必要なのです。これによって日本は〝普通の国〟になることができるのです。

NPO活動（市民活動）とは、政府から公共圏を切り離して、私たち市民の手に取り戻す運動なのです。

第5節　公共論を掲げた横井小楠とは

天地公共の実理

前にも触れましたが、「公共」という言葉を日本に最初に明確に思想化したのは横井小楠（一八〇九～一八六九）です。横井小楠の「公共」の意味は、英語のpublicにきわめて近いと書きましたが、それを分かっていただくために、彼の「公共」論について、少し紹介しておきたいと思います。

彼は熊本の出身です。彼の自宅であり、塾ともなっていた「四時軒《しじけん》」は、熊本市の郊外にあって、彼の部屋から外を眺めると、今も悠久さを感じさせる田園の広がりがみえます。四時軒は現在横井小楠記念館になっています。

坂本龍馬など多くの志士が訪ねてきた様子なども展示紹介しています。小楠は、日本の近代国家の設計図を考え続け、坂本龍馬、勝海舟、松平春嶽などを通じて彼の思想は反映されていきます。坂本龍馬が書いた『船中八策』は、小楠の『国是七条』が原案となっています。龍馬が口癖のようにいっていたという、「この国を洗濯する……」という言葉は小楠からの受け売りです（横井湘南記念館展示）。勝海舟が「おれは今まで天下で恐ろしいものを二人見た。それは横井小楠と西郷南洲とだ。横井は西洋のことも別に澤山は知らず、おれが教えてやつた位だが、その思想の高調子な事はおれなどはとても梯子をかけても及ばぬと思つたことがしばしばであつたよ」といったことはよく知られています。(22)

横井小楠による「公共」の初出は一八五三（嘉永六）年とされています。彼は「天地公共の実理」といういい方で「公共」を説明しました。横井の論理を整理すると、次のようなものだと思います。[23]

横井は、「天地公共の実理」に沿って国際社会で行動しているかどうかが第一に重要である、と指摘していいます。「天地公共の実理」に沿って行動している国を、彼は「有道の国」とし、そうでない国を「無道の国」と区別します。有道の国とは信義をもって付き合うべきであって、どの国とも付き合わないというのは世界の中で信義ある国としての信頼を失うことになると、次のように述べています。

> 凡我国の外夷に処する国是たるや、有道の国は通信を許し、無道の国は拒絶するの二つ也。有道無道の分たず一切拒絶するは天地公共の実理に暗くして、遂に信義を万国に失ふに至るも必然の理也。（山崎正薫編『横井小楠』遺稿篇、明治書院、一九三八年）

横井小楠

第二に、彼は「公共」の観念は天下・国家のいずれにも通用する普遍的性格のものであることを指摘しています。そして、彼は国家も「私」（私益）となることがある（国家の私化）ことに注目します。国家も国家的エゴイズムに陥った場合には「私」とみなす普遍的・批判的性格が、小楠の概念には存在しています。

彼は、その意味で国家帝国主義化も批判したのです。国家の集団的エゴイズムを「割拠見」と呼びました。その点で彼の国家論は普遍性をもっていたのです。彼はさらに、世界の列強は国家エゴイズム（割拠見）に陥って「一国の私」に陥っている。国家は「公共の立場」に立って運営されるべきで、それによってこそ世界平和は実現される、と説いています。小楠は世界平和の構想を踏まえた国家論を説いていたのです。国際政治のレベルにまで彼は「公共性」の理念を広げていたのです。

そして、彼は「日本が本領を発揮できるのは、世界の世話役に徹するところにある」と、日本の国際的役割まで明確に語っています。「公共」の哲学・思想に立って日本が運営されることによって、日本は世界で尊敬され、主導的役割を果たせる国になれるのです。

第三に、横井の徳川幕府（当時の政府）への評価は、徳川幕府は「私化」していると指摘します。「徳川家の存続という私営の政《まつりごと》」が行われており、「公共の政」が行われていない。鎖国は徳川幕府が自己の集団利益を守るためにつくった社会体制であり、幕府は私営（私益）集団に堕している。つまり「無道の国」になっている。国益が堕落して私益を追求する政治となったことの事例として批判しているのです。国益なるものがいつでも堕落しうることを彼は見抜いていたのです。

第四に、「公共の政《まつりごと》」はどのように行われるのかというと、〝公議・公論を尽くす〟という前提の下にはじめて実現されると説いています。横井が書いた『国是七条』（一八六二年）の第五条は「大開言路、与天下為公共之政」とあります。大いに言路を開き（公議・公論を尽くし）、天下と公共の政をなせ、という意味です。「公共の政」とは、「公議・公論に基づく」というのが小楠の政治理念です。

「公共」とは、学習をし、討議による公議・公論をすることによって達成される。「講学・講習における討論を通じての公論の形成」です。「徹底的な討論が公論形成の条件となる。公論に基づく政治をすることが『国是』とならなければならない」としました。

開かれた場で他者と自由な討論・対話をすること、それが小楠にとっての公共性、金泰昌先生流にいえば「公共する」ということです。それが基礎的前提となっていました。開かれた国であること、情報公開されている国であることです。

この公議・公論の場がこれまでお話ししてきた公共圏です。その結果生まれた結論が公共益です。公共（益）とは、熟議によってもたらされるという考え方です。私益に流されない公共益の議論が行われること。その公共益に基づいて政治（国家運営）を行うのが国家の役割であり、「公共の政」だと小楠はいっているのです。

彼の開国論は、日本の鎖国を開くに、公共の道をもってする、それは天下の経論に基づく開国こそ真の開国であると主張しているのです。現在の日本の政治・政策決定が、こうした公儀公論（公共圏での熟議）から遠いことは、原子力エネルギー政策の変節や安保関連法制の状況などをみても、誰も感じることでしょう。

小楠の思想は、明治元（一八六八）年の『五カ条の御誓文』（由利公正起草）の第一条「広ク会議ヲ興シ万機公論ニ決スベシ」へ結晶として残りました。これは「公権力の正当性」を「市民の公共性」に置こうとする意図が示されているのです。

明治元年、小楠は新政府に参与として出仕するが、翌二（一八六九）年に参内の帰路暗殺されました。享年六一。

忘れられた小楠

明治憲法（一八八九）の発布と、教育勅語（一八九〇年）の導入によって、国民は天皇の臣民（赤子）となりました。「大正デモクラシー」を謳歌した時もありましたが、富国強兵策の中で、日本的な「公私二元論」が建国の精神として定着していくことになります。

こうして小楠の国家論・公共論は、帝国主義へまっしぐらに向かっていった近代国家日本の構築の中で忘れられ、捨てられていき、「公共」という言葉は、その後は「公（天皇・政府・国家）と共に」という、「公」といつでも一体化してしまう日本語へとつくりかえられていってしまったのです。

福澤諭吉や西周をはじめ、江戸末期の留学組は「公共」について何らかの思考をもって帰国しているはずで、横井小楠の思想を十分納得しえたのではないかと思います。しかし、その後の明治という、現人神という日本独特の天皇制による近代国家形成と権力闘争の中で、その力に押し切られ、変節し、あるいは捨て去ってしまったのに違いありません。

〝現人神〟という日本独自の天皇制というのは、天皇が神と定義されたことです。欧州では王権神授説、王権は神から人間に授けられるという考え方です。従って王が堕落した時には革命を起こしてもいいと考えることになります。三島由紀夫がいうように、大半の人は天皇が神だと信じていたわけではありません。国家権力によって信じ込まされ、ほとんどの国民は信じるふりをしていたに過ぎないのですが、戦後のマッカーサー将軍は国民の天皇への親密さをみて驚き、これを占領政策に利用するようになっていきました。

横井小楠の今日的意義として、公共哲学研究会での源了円の「横井小楠における『公共』の思想とその公共哲学への寄与」の報告に対し、山脇直司先生は、「天地公共の実理に基づいて、あるべき国際関係を構想したこと、一国民を超えた万民によって承認され、諸国家のエゴイスティックな行動を規制する公正・公平な原理を意味していたこと。小楠の思想は、福沢の近代思想に欠けていたトランスナショナルな公共哲学の端緒をもつ、二一世紀にふさわしい思想としての位置付けと再評価がなされなければならないところに、国際公共秩序に関する小楠の意義がある」とコメントしていますが、まさに同感です。[24] ついでながら、「四海兄弟」は小楠の言葉です。

そして、ついでながらもう一点、『公共哲学シリーズ』(東京大学出版会)の編集者である金泰昌先生は、これまでの公共概念である『滅私奉公』に対して、『活私開公』という言葉を提示しています。従来の「公」観念を打破し、個人の「私」を尊重しつつも、そこから出発して「公共」へと入っていき、「公共」を媒介として「公」を開いていくという意味です。「私」は「公共」を媒介することによって、「私」を活性化させ、それが「公」を開いていくという考え方です。これこそが日本においても市民社会の哲学となるべきだろうと思います。

注

(1) 日本の「公共哲学」研究は、一九九三年に、学界により公共哲学に関する議論の場として「京都フォーラム」が設置され、学際的に活発な議論が進められてきた。京都フォーラムの内容は、タブロイド版の冊子『公共的良識人』の定期的発行によって紹介されている。一九九八年に「公共哲学共同研究会」の第一回会議が開催され、以後の議論の内容は東京大学出版会より『公共哲学』シリーズ全二〇巻(佐々木毅、金泰昌編、二〇〇一〜〇六年)として出版、また同出版会による『公共哲学叢書』シリーズなども発行されている。また、金泰昌先生の「公共する」については、例えば金泰昌編著『ともに公共哲学する――日本での対話・共働・開新』東大出版会、二〇一〇年などを参照。

(2)「知覚プロセス」について優れた教科書としては、青木順子『異文化コミュニケーション教育――他者とのコミュニケーションを考える教育』(渓水社、一九九九年)などがある。

（3）阿波根昌鴻（一九〇一～二〇〇二）は、沖縄伊江島の米軍基地反対闘争に非暴力の思想を徹底的に取り入れた非暴力主義者として知られる。著書に、『命こそ宝――沖縄反戦の心』岩波書店、一九九二年、『米軍と農民――沖縄県伊江島』岩波新書、一九七三年。

（4）オランダは一九世紀末から一九六〇年代頃までは、プロテスタント、カトリック、ユマニズム、社会民主主義といった宗派・信条別の社会構造となっており、例えばカトリックの人はカトリックの人々が住む地域に住み、カトリックの学校、病院、住宅協会、スポーツクラブ、労働組合、経営者団体、政党、メディア、農民団体、高齢者団体などに所属するという、縦割りの社会構造の中に属し生活していた。こういった社会構造を柱状社会と呼ぶ。この柱状社会は六〇年代後半以降は次第になくなっていき、今では表面的にはほとんど目立たなくなっている。

（5）「領域主権」（souvereiniteit in eigen kring/sphere sovereignty）については、稲垣久和先生の以下の著作等を中心に参照・引用している。

・リチャード・J・ユウ『アブラハム・カイパー入門――キリスト教世界観・人生観への手引』稲垣久和／岩田三枝子訳、教文館、二〇一二年
・ピーター・ソマース・ヘスラム『近代主義とキリスト教――アブラハム・カイパーの思想』稲垣久和／豊川慎訳、教文館、二〇〇二年
・稲垣久和『宗教と公共哲学――生活世界のスピリチュアリティ』（公共哲学叢書6）、東京大学出版会、二〇〇四年
・稲垣久和／金泰昌『宗教から考える公共』（公共哲学16）東京大学出版会、二〇〇六年
・稲垣久和「文明・宗教間対話とシャローム公共哲学」公共哲学ネットワーク編『地球的平和の公共哲学――「反テロ」世界戦争に抗して』公共哲学叢書3、東京大学出版会、二〇〇三年
・稲垣久和「日本の宗教状況における公・私と公共性」、佐々木毅／金泰昌編『日本における公と私』（公共哲学3）二〇〇二年
・稲垣久和『靖国神社「解放」論――本当の追悼とはなにか？』光文社、二〇〇六年

・稲垣久和『公共哲学の構築をめざして――キリスト教世界観・多元主義・複雑系』教文館、二〇〇一年
・稲垣久和『国家・個人・宗教――近現代日本の精神』講談社現代新書、二〇〇七年
・稲垣久和『公共福祉という試み――福祉国家から福祉社会へ』中央法規、二〇一〇年
・稲垣久和『公共福祉とキリスト教』教文館、二〇一二年
・稲垣久和『実践公共哲学――福祉・科学・宗教』春秋社、二〇一三年
・稲垣久一『改憲問題とキリスト教』教文館、二〇一四年

なお、稲垣先生には、「NPO公共哲学研究会」(NPO研修・情報センター主宰)、稲垣先生主宰の「公共福祉研究会」などに参加して勉強させていただいてきた。

(6) R・マウ『アブラハム・カイパー入門』稲垣久和/岩田三枝子訳、教文館、二〇一二年、P・S・ヘスラム『近代主義とキリスト教――アブラハム・カイパーの思想』稲垣久和/豊川慎訳、教文館、二〇〇二年

(7) 関谷昇「アルトジウスと補完性」千葉大学大学院紀要『人文社会科学研究』第二二号(二〇一一年三月)、一七頁

(8) 廣瀬淳子「地方再生と地方自治――多様な地方自治の可能性」『地方再生――分権と自律による個性豊かな社会の創造』国立国会図書館調査及び立法考査局、三七頁、二〇〇六・二・一五

(9) 宮崎文彦「公共哲学としての『補完性原理』」(特集:「場所の感覚」としての補完性原理)千葉大学大学院人文社会科学研究科『公共研究』第四巻第一号(二〇〇七年六月)、及び宮崎文彦「『新しい公共』における行政の役割――NPMから支援行政へ」同第五巻第四号(二〇〇九年三月)

(10) 前掲論文、宮崎文彦「公共哲学としての『補完性原理』」

(11) ユルゲン・ハーバーマス『公共性の構造転換――市民社会の一カテゴリーについての探求』細谷貞雄/山田正行訳、未來社、一九九〇年。ハンナ・アーレント『人間の条件』志水速雄訳、中央公論社、一九七三年(Hannah Arendt, *The human condition*, University of Chicago Press, 1958)など。

(12) 金泰昌編著『ともに公共哲学する――日本での対話・共働・開新』東大出版会、二〇一〇年、二三四~二三九頁及び七四頁。及び平石直昭「近代儒学における『公共』概念の歴史的検討」『公共する人間3・横井小楠』平石直昭/金

泰昌編、東京大学出版会、二〇一〇年。
(13) 山本七平『「空気」の研究』文藝春秋、一九七七年
(14) 山脇直司『公共哲学とは何か』ちくま新書、二〇〇四年、同『公共哲学からの応答——三・一一の衝撃の後で』筑摩書房、二〇一一年一二月
(15) 世古一穂『協働のデザイン』学芸出版、二〇〇一年、同編著『参加と協働のデザイン』学芸出版、二〇〇九年
(16) 『刑罰に脅かされる表現の自由——NGO・ジャーナリストの知る権利をどこまで守れるか?』グリーンピース・ジャパン編、海渡雄一監修、現代人文社、二〇〇九年
(17) 日隅一雄(弁護士)「グリーンピース・ジャパン鯨肉裁判について——あなたの団体が内部告発を受けたらどうする?」『環境と正義』日本環境法律家連盟、二〇一〇年一一月号
(18) 括弧内の指摘は、土田修『調査報道——公共するジャーナリズムをめざして』緑風出版、二〇一三年による。また、土田修/世古一穂『マスメディア再生への戦略』明石書店、二〇〇九年。
(19) 「公の支配」は「公共の支配」と訳すべきだという指摘は、稲垣久和『実践の公共哲学——福祉・科学・宗教』(春秋社、二〇一三年、二五七頁)にもある。
(20) 稲垣久和『靖国神社「解放」論』光文社、二〇〇六年
(21) 稲垣久和『改憲問題とキリスト教』教文館、二〇一四年、二六頁。本項の執筆には同書を最も参考にした。
(22) 『横井小楠先生を偲びて・山崎政勲述』(一九四九年)、横井小楠生誕二百年記念復刻、熊本県教育委員会
(23) 横井小楠に関する主な参考資料
・平岩直昭/金泰昌編『公共する人間3　横井小楠——公共の政を首唱した開国の志士』東京大学出版会、二〇一〇年
・松浦玲編『日本の名著30、佐久間象山・横井小楠』中央公論社、一九八四年
・山崎正董編『横井小楠 遺稿篇』明治書院、一九三八年
・源了円「横井小楠における「公共」の思想とその公共哲学への寄与」佐々木毅/金泰昌編『公共哲学3　日本に

おける公と私』東京大学出版会、二〇〇二年
・源了円編『横井小楠――「公共の先駆者」』別冊環⑰、藤原書店、二〇〇九年
・松浦玲『横井小楠』ちくま学芸文庫、筑摩書房、二〇一〇年
・徳永洋『横井小楠――維新の青写真を描いた男』新潮新書、二〇〇五年
・山崎益吉「横井小楠の社会経済思想」「横井小楠の実心実学と東アジア」『高崎経済大学論集』第四三巻第四号、二〇〇一年、「横井小楠と道徳哲学――A・スミスとの比較において」『高崎経済大学論集』第四五巻第二号二〇〇二年、等

(24) 佐々木毅／金泰昌編『公共哲学3　日本における公と私』、源了円「横井小楠における『公共』の思想とその公共哲学への寄与」、山脇直司「コメント」(二六二頁)、東京大学出版会、二〇〇二年

第3章

オランダモデルへ向けて

二一世紀の民主主義改革モデルとして

第1節　二一世紀の民主主義改革はどこへ行くのか

1．民主主義の失敗と赤字の歴史

多元システムの時代

「公共圏」で熟議し、合意（公共益）を得て、それを実現し、守り拡大していくために私たちは国家の仕組みをつくってきました。熟議に参加し、その合意をつくり上げていくのはもちろん一人ひとりの個人（市民）ですが、その個人が熟議への参加を通してグループをつくっていく、あるいはグループをつくって熟議に参加し、進めていく。そのグループがＮＰＯ（市民社会団体）です。この熟議はもちろん政府・行政とも、企業とも行います（=公共する）。さらにその合意を実現していくために市民側として活動するのもNPOです。NPOは人々のニーズに対応するために設立されているからです。

もちろん私たちは、身近にいる家族とは「親密圏」を形成し[1]、さらに地域的に近い人々と共に地域コミュニティ（共同体）を形成してきました。コミュニティの形成によって、他者を自分と無関係の他者と思わず、自分の一部ととらえることができているのです。

しかし、私たちの生活が複雑となり、コミュニティ間の相互の影響が大きくなるに従い、地域益・公共益を実現し、守り、広げるために「国家」をつくってきたのです。しかし、一旦国家ができあがると、それが権力を伴うが故に、しばしばリーダーや政党の私益を国益と偽って権力で強制し、逆に多くの弊害をもたらすことも絶えず起こしてきました。

確かに、「国家」は国土の安全（防衛）と経済的発展をもたらす装置として重要な役割を果たしてきました。しかし、国家はしばしば戦争をもたらし、環境破壊や格差拡大をもたらす装置ともなってきました。

現在の世界システムは「国家システム」が中心となっています。国家がメインアクターとなって人々と世界を統治する仕組みです。この国家システムによる近代国際秩序は、一六四八年のウェストファリア条約で形成されました。ほんの四〇〇年足らずの歴史です。国家はその後国民国家（ネーションステート）となりました。しかしそれはナショナリズム（国家主義）を前提とする国家システムでした。

つい最近まで、米国とソ連の二超大国が、世界の各国を従え、この二国が代表者となって世界を制御する国家システムの時代が続いていました。ソ連の崩壊後は、新しい世界秩序が模索され続けています。

私たちはこの世界を管理するため、国家システム以外にいくつかのサブシステムをつくってきました。

一つめは、国連や世界銀行、ＩＭＦ（国際通貨基金）、ＷＴＯ（世界貿易機関）をはじめとする国際機関などの「超国家システム」です。ソ連崩壊後、この超国家システムはますます重要さを増してきました。

二つめは、ＥＵ（欧州連合）、ＮＡＦＴＡ（北米自由貿易協定）、ＡＰＥＣ（アジア太平洋経済協力）などの「地域システム」です。域内の障害をできるだけ取り除き、地域内の平和と、地域内の利害や紛争を地域内で話し合い、問題をグローバルに波及させないように制御（紛争処理）すると共に、経済の活性化と相互依存を高めようとするシステムです。この動きはＴＰＰ（環太平洋戦略的経済連携協定）をはじめこの十数年とくに興隆しています。

三つめは、グローバル化した企業自身が国際間の経済紛争を少なくしようと直接投資や社会貢献などで対応する「企業システム」です。世界システムの中での企業システムは、企業の多国籍化（グローバル化）を意味し、それは格差を促進するシステムとなってきましたが、他方それは国際間の経済紛争を最小にしようとする役割を担いうる可能性がありうるのです。

そして四つめが「ＮＰＯシステム」です。世界の市民社会が連携・連帯して世界の格差や不正を正し、より良い世界をつくっていこうと国際的なネットワークを形成して働きかける「国境を超える市民社会ネットワーク」です。[2]

一九九二年の国連環境会議（地球サミット）で、政府とＮＰＯ（ＮＧＯ）は対等なパートナーであることが決議され、ＮＰＯは冷戦後の新しい世界システムのパートナーとなったのです。国家や企業を代表するのではなく、さまざまな生活のニーズとコミュニティを代表するＮＰＯが政策決定過程へ参画していくことが、今や当たり前のこととなる時代となりました。これが新しい世界システムの重要な特徴の一つです。ＮＰＯシステムの出現は、冷戦後の世界システムにとって画期かつ歴史的なものです。

二一世紀の世界システムは依然メインシステムである「国家システム」と共に、こうした四つのサブシステムによって支えられ、運営、調整されていく「多元システム」の時代になっています。その中でNPOシステムはますます大きな意味と役割をもつようになってきています。

戦争を起こすのは国家（政府）ですが、こうしたサブシステムが少しずつ構築されることによって、戦争への抑止力となっている面もあります。しかし、二一世紀の世界には、国家システムとは別の、国際ネットワークをもった「テロ」システムが新たな脅威として登場してきています。これに対応するためには、やはり基本的には各国が国内に強固な戦争抑止システムを構築していくことが大切です。その抑止システムの構築はNPOシステムがより大きくかつ深く組み入れられることによってできあがるのです。

民主主義の「一セクターモデル」の失敗時代

公共益を実現するための国家の仕組みとして、私たちは民主主義を考え出しました。この民主主義も、そのシステムについてはこれまで多くの失敗を重ねてきました。しかし、民主主義は依然としてこれよりよい統治理念がみつかっていないため、私たちは今後もより良い民主主義システムを追求していく必要があることも分かっています。つまり、いかに民主主義システムを改革していくかです。今、私たちが直面していることは、現在の民主主義の限界を乗り越え、民主主義を強化・機能させるための適切な新しい合意システムが必要となっているということです。

第一章で紹介しましたが、社会契約論という主権論を唱えたジャン＝ジャック・ルソー（一七一二〜七八）は、民主主義について次のように述べています。

「人民は自由だと思っているが、それは大間違いである。彼らが自由なのは、議員を選挙する間だけのことであって、議員が選ばれるや否や、人民は彼らの奴隷となり、無に帰してしまう」

「主権は譲り渡され得ない。……人民から選ばれた代議士は、だからといって一般意志の代表者ではないし、代表者たり得ない。彼らは市民の使用人でしかない。……人民自らが承認したものでない法律はすべて無効であり、断じて法律とはいえない」（『社会契約論』第三編 第一五章、一七六二年）。

ルソーのこの警告は依然今も生き生きとしています。現在の国会議員への私たちの気持ちと全く違和感はないほどです。とくに「人民自らが承認したものでない法律はすべて無効であり、断じて法律とはいえない」という点は、政府が憲法違反の安全保障関連法の導入（二〇一六年三月施行）や憲法改正を一方的に強行しようとする現在の日本ではとくに強く訴えるものがあります。

なぜ民主主義システムは問題を起こしてきたのでしょうか。民主主義の大まかな歴史をみると、近代になって民主主義的なるものが誕生してから第二次世界大戦までの間を第一期とここではしておきましょう。この間の「民主主義の失敗」は民主主義制度がもつ独裁への誘引に敗北してきたことです。

ルソーが警告したように、選挙で選ばれた議員たちが人民から一般意志を全面的に委託されたと勘違いし、特権濫用を招き、独裁へと悪用していく誘惑に勝てなかったのです。ルソーの人民主権論は思想的には人類にとって大きな意味がありましたが、その後のフランスは彼の思想をある意味でナショナリズムを鼓舞する思想として悪用して、独裁国家を創造していくことになりました。

民主主義がもっている欠点の第一は多数決制です。選挙で勝ったリーダーや政党は、それ故に権力を握ると民主主義がもつ多数決制の欠点に誘惑され、独裁への道を辿りがちとなります。絶対多数が自分を支持してくれれば、まさに磐石の権力を手に入れ、独裁民主主義ができると思うようになってしまいます。この民主主義がもつ独裁への誘引は、戦前まで日本を含め多くの国で（軍事）独裁国家を誕生させてきました。ドイツでナチスを登場させたのも民主主義でしたし、民主主義は正戦論の道具ともなってきました。

こうして、近代史の過程の中で民主主義は選挙によって選ばれたエリート支配の仕組みとなり、国民国家の形式は整えたものの、国民国家を取りまとめるために、外の異質な世界を敵視し排除するナショナリズムを形成し、植民地主義的膨張によって抑圧と差別を正当化する役割も果たしてしまいました。

このように民主主義であっても、国家（国益）は〝権力〟をもつが故にしばしば「公共益」の遂行機関から逸脱し、権力者による私益の追求システムへと堕落してきたのです。これは第一期に留まらず、何時の時代でも、現在でも、依然として民主主義のもつ致命的な欠点となり続けています。

この第一期の民主主義の失敗は、民主主義を「政府（国家）のみによる一元システム」としてとらえてきたことによるといえます。私たちの生活に強い影響をもつ部門（セクター）として、政府セクターと企業セクターと市民社会（ＮＰＯ）セクターの三つがあるとすると、政府セクターのみで統治しようとする「一セクターモデル」による失敗です。

二セクターモデルによる「民主主義の赤字」時代

民主主義の第二期とは、第二次世界大戦後から現在までです。日本的にいえば太平洋戦争後です。戦後はこの失敗を繰り返さないために、民主主義の改革が議論されました。市民（国民）参加による政治も議論されましたが、結局は、国家の独裁化を避けることと、国家力は経済力であることを戦争を通じて一層確認したことによって、民間の企業活動の利益を民主主義の中に組み入れる合意システムとして、政府セクターと企業セクターによる「二セクターの合意モデル」へと改革されていきました。この「二セクターモデル」は企業セクターを「民」ととらえ、国家と民（企業）との協働統治が民主主義だと誤解したのでした。

二セクターモデルは、最初は企業セクター（産業界）が政府独裁をチェックするものとして、また企業活動に有利な法律を導入することによって経済力を顕在化させるためにも有効であるかのように思えました。しかし、やがてその限界と欠点が強くかつ急速にみられるようになってきました。個々の法律の作成にあたっては、政府は法律の策定（立案）を官僚に依頼し、官僚は主として企業（産業界）の意見を聞いて法案を作成します。そしてつくられた法案は、議会で審議・可決あるいは強行採決で決議され、法律となり、私たちの生活を律することになります。

この第二期の民主主義（二セクターモデル）は、政治家と経済界との癒着構造をベースとして構築されることになり、結果として「企業の独裁」（企業民主主義）を招いてしまいました。

法律が企業（産業界）との相談の上作成されるため、企業セクターはいつのまにか、政府（国家）をも超える力を獲得し、今や政府すらコントロールできない、国境を超えてグローバルに活動する強力な力をもつようになりました。しかも、この法案作成に参画する企業セクターの代表者は大企業の代表者であるため、強い企業がますます市場を支配できるような弱肉強食の自由な市場メカニズムを立法化し、グローバルな規模で格差を拡大する市場システムを構築することになっていきました。

その結果が、現下の経済のグローバリゼーションによる企業の暴走によってもたらされてきた国際的な格差の拡大（貧困問題、人権問題等）、地球環境問題などです。そして国際金融システムの管理不能、農業と農村の破壊、原子力発電の推進と破綻等が起き、しかもそれらを修正できないでいます。

このように現在の民主主義は、実質的には「政府（政治家と官僚）セクター」と「企業（産業）セクター」の二セクターの合意で形成されており、これが今や大きく破綻しつつあります。これを改革する新しい民主主義システムを、私たちはつくり上げなければならない状況に直面しています。

二〇世紀において、米国を筆頭に世界各国は民主主義を追求してきました。民主主義国家になれば、戦争はなくなり、人々は幸せになり、豊かにもなれるという夢をみてきました。しかし世紀末の頃には、民主主義はそのままでは機能せず、再びむしろ多くの問題点を抱えていることに気づくようになりました。「民主主義」のもとで、二〇世紀の前半は植民地主義と戦争の世紀となり、後半は市場経済主義による格差拡大と地球環境汚染の世紀となってきました。「民主主義の赤字」の累積に気づいたのです。

この「民主主義の赤字」という言葉は、ＥＵ（欧州連合）でとくに使われている言葉です。ＥＵでは、域内の市民の意志が平等に代表されえているかという議論において主として使われていますが、本書では以下のように、「赤字」の意味をさらに敷衍して解釈することにします。

民主主義制度を導入したからといって必ずしもうまく機能するとは限りません。自由な投票制度だからといって、人々が「正しい」選択ができるとは限りませんし、選ばれた人々が「正しい」ことをするとは限らないからです。汚職や特権の行使、私益優先、派閥優先、一時的人気取り（ポピュリズム）等々、こうした堕落は常日頃起き続けています。

民主主義の限界

民主主義はなぜ失敗したり赤字の累積をもたらしてしまうのでしょうか。民主主義の限界について整理しておきましょう。

今世界は、民主主義の危機にあります。民主主義の危機は、一つは民主主義制度そのものの欠陥（限界）によるもの、二つは選挙（投票）制度の欠陥によるもの、そして第三に民主主義を危機に陥れる社会的危機の顕在化によってもたらされています。社会的危機の顕在化とは急速な『格差』の拡大が限界的な状況までできているという実態を背景としています。民主主義の危機の裏側には、拡がる格差の拡大があるのです。

現在の世界の民主主義の危機は、この三つが同時的に起こっていることによります。民主主義には多くの欠点があります。その欠点を補完するために、多くの努力が払われてきましたが、いつもその欠点が露呈してきて戦争になったり、抑圧されたり、権力の犠牲になる人々が増えたりしていきます。

民主主義の第一の欠点あるいは矛盾は、前述のようにそもそも多数決制にあります。過半数を占めればすべての物事が自由に決められるので、もし国民の大多数が自分を支持するなら、まさに絶対的な君主になれます。民主主義の第一の欠点は、多数決制による独裁への誘引・誘惑です。一旦権力をもつと、多数をとるために権力を悪用するようになり、そして同時に、絶対多数をとれば何をしてもいいという誘惑に陥り、独裁へと向かっていくこととなります。あるいは多数にあぐらをかいた独裁的強行や権力に媚びを売る人々との癒着構造をもたらすことにつながっていくことになります。

ヒトラーは、当時としては最先端のワイマール憲法（一九一九年）に基づく民主的選挙で選ばれ登場してきました。しかし、一旦権力をもつと、自分と自分の党（ナチス）の「私益」を追求し始め、ファシズムへの道を邁進していきました。まさに少しずつ、そして気がつくと全く異なる体制になっていました。権力の力とはそういうものであり、人間は権力に対し異常に弱いもののようです。

民主主義は独裁への道をいつも引きずっているという危機感をいつももっている必要があるのです。

郵便はがき

料金受取人払郵便

神田局
承認

9745

差出有効期間
2017年4月
30日まで

切手を貼らずに
お出し下さい。

101-8796

537

【受　取　人】

東京都千代田区外神田6-9-5

株式会社 明石書店 読者通信係 行

お買い上げ、ありがとうございました。
今後の出版物の参考といたしたく、ご記入、ご投函いただければ幸いに存じます。

ふりがな お名前	年齢	性別

ご住所　〒　　　-

TEL　（　　　）　FAX　（　　　）

メールアドレス	ご職業（または学校名）

＊図書目録のご希望 □ある □ない	＊ジャンル別などのご案内（不定期）のご希望 □ある：ジャンル（　　　） □ない

書籍のタイトル

◆本書を何でお知りになりましたか？
□新聞・雑誌の広告…掲載紙誌名［　　　　　　　　　　　　］
□書評・紹介記事……掲載紙誌名［　　　　　　　　　　　　］
□店頭で　□知人のすすめ　□弊社からの案内　□弊社ホームページ
□ネット書店［　　　　　　　］　□その他［　　　　　　　］

◆本書についてのご意見・ご感想
■定　価　□安い（満足）　□ほどほど　□高い（不満）
■カバーデザイン　□良い　□ふつう　□悪い・ふさわしくない
■内　容　□良い　□ふつう　□期待はずれ
■その他お気づきの点、ご質問、ご感想など、ご自由にお書き下さい。

◆本書をお買い上げの書店
［　　　　市・区・町・村　　　　書店　　　　店］

◆今後どのような書籍をお望みですか？
今関心をお持ちのテーマ・人・ジャンル、また翻訳希望の本など、何でもお書き下さい。

◆ご購読紙　(1)朝日　(2)読売　(3)毎日　(4)日経　(5)その他［　　　　新聞］
◆定期ご購読の雑誌［　　　　　　　　　　　　］

ご協力ありがとうございました。

ご意見などを弊社ホームページなどでご紹介させていただくことがあります。　□諾　□否

◆ご 注 文 書◆　このハガキで弊社刊行物をご注文いただけます。
□ご指定の書店でお受取り……下欄に書店名と所在地域、わかれば電話番号をご記入下さい。
□代金引換郵便にてお受取り…送料+手数料として300円かかります（表記ご住所宛のみ）。

書名	冊
書名	冊

ご指定の書店・支店名	書店の所在地域 都・道　府・県　　市・区　町・村
	書店の電話番号　（　　　　）

この独裁化への誘引は、表現の自由の萎縮や規制から始まります。表現の自由こそ、民主主義が勝ち取ったものだからです。今、表現の自由は実は次第に侵されつつあることに気づいていないとすれば、それこそが危機なのです。

第二に、民主主義の多数決制度は少数者の無視に容易につながってしまうという危険性があります。少数者の無視が民主主義の限界であることは、いつも指摘されてきたことです。多数決民主主義では少数派（マイノリティ）は必ず取り残されます。とくに少数民族や宗教などは、人口が少ないため国内社会で多数になることはありえず、迫害の排除や支援を求めても、積極的に声を聞く政治的意図をもたない限り成果は期待できませんし、まして政府がこのマイノリティを民主主義の多数派の意向で排除しようとしている場合、迫害は加速されることになります。

現代の重大な国際問題である移民・難民の人々はこの少数派になります。多数決による民主主義だけでは、決して多数派と少数派が共存する社会は実現しえません。現代の移民・難民排斥は、民主主義の名で行われているというのが恐ろしい実態なのです。

第三に、その一方で、多数者側にいる個々人の思いも無視されてしまうことにも、私たちは気づくようになりました。人々の価値観の多様化に伴い、私たちの思いはイエスかノーかの二者択一だけでは表現しきれなくなってきました。その賛意の内容や動機や条件は多様なはずです。条件付きで賛成というのはよくあります。しかし、一旦多数決で可決されると、そうした個々の思いは存在しないものとして無視され、「多数」の中に埋没されてしまうことになります。つまり、多数者側の人々の個々の思いも実態的には無視されていることに気づくようになったのです。

第四は、一人一票制の限界です。一票に込められた思いの深さの違い（インテンシティ）の問題です。

沖縄の米軍事基地や原子力発電所問題などのケースで考えると分かりやすいでしょう。沖縄の人々にとっては、軍事基地問題は騒音や生活の安全性など、まさに肌感覚そのもので日常生活で起きる問題と不可分でまさに生活感覚です。それに対し、本土の人々は、それらを頭の中での国家の軍事的安全保障問題として考えるか、あるいは全く遠いところの無縁の問題としてしかとらえられないかもしれません。そのため基地の実態を考えることが少ない多数の一票たちによって沖縄の一票は蹴散らされ、沖縄の人々の願いは薄められ、基地は存続することになります。

原発問題も同様で、原発のある地元の人々は直接的にそのことをリアルに心配しますが、その電力の供給を受ける都会の人々にとっては、原発の問題はリアリティをもちません。まして、原子力発電所のある地元が政府から多額の助成金をもらって豊かな地域をつくり上げている様子をみると、何の問題があるかと何の感慨ももち合わせず電力を享受することになります。

しかし、「民主主義」ではこの両者は共に一票の同等の価値をもっているのです。これによって、基地や原発を抱える人々の問題は、民主主義の名によって薄められ、軽視されることになってしまいます。

第五として、選挙制度のゆがみがあります。第三次安倍政権をつくった二〇一四年一二月の選挙で、自民党は二九一議席を獲得、公明党と合わせて与党は議席数の三分の二以上を獲得しました。しかし、この選挙の投票率は過去最低の五二・六六%で、二〇代前半は二〇%台という低さでした。自民党の得票率は、小選挙区では四八・一%、比例代表では三三・一%でした。つまり、全有権者数からみると、現在の自民党は小選挙区で二五・三%、比例代表では一七・四%の支持、すなわち有権者の四分の一以下の投票で政権を担っているに過ぎないということです。

二〇一六年七月の参院選挙の投票率五四・七%で、自民党獲得投票率は三五・九一%でしたが、過半数の議席を獲得しています。これを有権者数でみると、自民党は全有権者の一八～二〇％の投票によって、衆参両院で絶対多数を獲得し、憲法違反の安全保障関連法が可決されていき、憲法改定可能な三分の二の議席を自民・公明の与党側に許す結果となっています。国民の四分の一以下の投票による支持表明で独裁的議会運営ができるのが現代の民主主義制度の実態なのです。

六つめの民主主義の重大な欠陥を上げれば、英国のEU離脱をもたらした国民投票が一例として上げられます。今回の英国の国民投票は、離脱派は五一・九％（一七四一万七四二票）、残留派は四八・一％（一六一四万一二四一票）で、その差は一二七万票でした。英国では若者（一八～二四歳）の七五％が残留派という調査結果があります。実際に、一八～二四歳の有権者の七三％、二五～三四歳の六二％が残留に投じ、逆に五五歳以上では六割近くが離脱に投じました。

しかし、若者は投票所に行かなかったのです。まず若者の三〇％が有権者登録をしていませんでした。六五歳以上で登録していないのは五％のみです。そして有権者登録した若者（一八～二四歳）の投票率は三六％、つまり全若者の二五％、四人に一人しか投票しなかったのです。若者たちにとってEUに参加していることは、域内自由通行やさまざまなEUプログラムによって未来を獲得することができる恩恵にあずかれるのですが、彼らは梯子を外されてしまったのです。

しかし、これは梯子を外されたのではなく、投票しなかったことによって自ら外したに等しいのです。もし若者がもっと投票に行っていれば一二七万票を覆すことは簡単に可能だったといわれています。若者は投票に行かないことによって、未来の恩恵を自ら失ったのです。民主主義制度では投票するかどうかも自由であり、棄権する自由が認められています（オーストラリアなど棄権は罰金となる国もあります）。

とくに国民投票では、投票しないことがすでにある見解を表しているといえます。投票しないことが、民主主義を蝕んでいるのです。日本の選挙でも選挙制度や投票しないことが大きな歪みを与えていることは前述のとおりです。

七つめとして、指摘しておきたいのは、投票行動（意識）の変化です。日本に限らず、世界各国での近年の投票行動全般に感じられる動きとして、民主主義制度における投票はそれによって国政に参加することが目的のはずですが、そうではなくなっているのではないかということです。人々は国政に参加する意識より、不満の捌け口として投票を考えるようになったかのようです。アメリカの大統領選挙におけるトランプの出現はまさにそんな感じです。トランプの選択はアメリカの危機であり、世界の危機を意味する恐れもあります。それは戦争への危機であるだけでなく、文化的危機でもあるでしょう。

戦後七〇年以上を経て、世界的な戦争が過去のものになって、私たちは非常に危ない状況に置かれていることに気づくべきなのです。かつてヒトラーが登場した時のような危険な状況の時代にあると感じます。不満の捌け口としての投票行動は、容易にヒトラーを当選させうる危うさと隣り合わせです。

この状況を危惧して、ドイツでは『帰ってきたヒトラー』という映画がつくられ、目覚めよ！というメッセージを送ってきています。他方日本では、『シン・ゴジラ』という映画が登場し、自衛隊に自由な武器使用による戦闘を許可し、侵略へのあたかも真剣な戦争ゲームを煽る歴史的戦意高揚映画が登場し、戦争ゴッコの論戦が映画批評と称して行われています。戦後七〇年がたち、私たちは歴史の教訓を忘れようとしているかのようです。〝不満の捌け口〟として投票が行われる時代となって、民主主義はまさに危機にあるのです。

最後に、（日本では）四年に一度の選挙によって議員を選ぶことをもって民主主義と呼び、民意を反映しているという形式をとっています。しかし、個々の法律の作成にあたって民意が十分くみ取られているとはいい難いでしょう。選挙はその時の景気動向が大きな影響を与えます。しかも普通には三～四年間、国民は数年前の投票行動に責任を負うことになります。先述のように、具体的な法律や政策の作成には、政治家は官僚に依存し官僚は企業の声をよく聞いて作成しがちとなっています。市民の声を直接的にあるいはまともに聞くことなど期待できません。つまり、法律などの具体的策定の場合には市民の声を聞く道（システム）をつくり上げなければなりません。それが次に述べるオランダモデルです。

2．三セクターモデルとしてのオランダモデル

二〇世紀、私たちの「民主主義」は失敗あるいは赤字を累積させてきました。これは政治の失敗であり、ひいては政治家たちを選ぶ市民社会の側の活動の失敗（あるいは活動能力の不足）といえます。「国民は国民のレベルに合った政治家しか選べない」などと揶揄されてきました。確かに、国民（市民）の成熟度は必要な要因でしょうが、実はそれだけではありません。民主主義という行政システムそのものが、欠陥を内包しているのです。

民主主義は、市民の参加に基づくという大衆・市民の自発性を伴う仕組みであるとされていますが、実態は権力と金力とを合体させた強力な支配体制（権力）をつくり上げてきました。それが民主主義の失敗と赤字をもたらしてきたことはすでにお話ししたとおりです。現在の二セクターモデルの民主主義は、明確かつ早急に改革されなければなりません。その改革モデルが「三セクターモデル」です。

三セクターモデルとは、「政府セクター」「企業セクター」及び「NPOセクター」の三者が対等な立場で話し合い、合意し、運営していく社会経済モデルのことです。これまでの私たちの合意システムは、

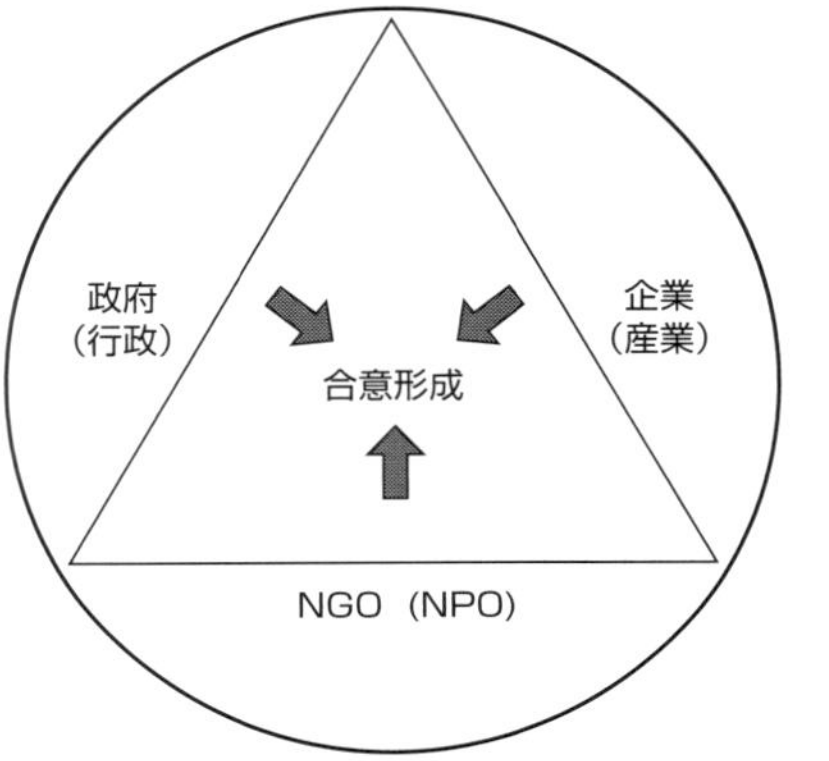

図3　3セクターの合意形成モデル――21世紀の民主主義モデル

出所：筆者作成

前述のように、政府セクターと企業セクターの二セクターが中心となってきました（二セクターモデル）。これにもう一つ、ＮＰＯ（市民社会）セクターも参画した時、社会に大きな、そして健全なダイナミズムが生まれ、民主主義はやっとその欠点を克服できるのではないかと思います。二一世紀において、三セクターモデルを追求することに関しては、すでに暗黙の国際的合意ができあがりつつあると、筆者自身は感じています。

三セクターモデルへの道はすでに世界中で進行しつつあり、一九九〇年代以降に世界のＮＰＯ（ＮＧＯ）セクターが興隆しているのは、その確証の一つです。国際的なＮＰＯの興隆の背景には、こうした民主主義の限界に対し、新しい時代を構築するための明確なモデルがあるのです。

この三セクターによる新しい合意形成モデル（三セクターモデル）を、私は「オランダモデル」と呼んでいます。オランダの社会経済システムが世界で最もこの形に近いものをもっているからです。

オランダモデルを図示すると図３のようになります。

三者合意モデルへ向けて

オランダモデルへ向けて、三者〈セクター〉が信頼をベースに対等な関係で話し合い、合意を得、社会を運営していく時代へ向けて、歴史は着々とその実績を積みつつ、前進している様子を次節でいくつか紹介したいと思います。

その前にもう一度オランダモデルについて簡単に整理しましょう。一つは、第1章で述べた「領域主権論」と「補完性原則」を民主主義システムとして設計するとオランダモデルになるということなのです。具体的には、最初から市民〈NPO〉が、政府、企業と対等な関係で計画立案に参画する仕組みです。「最初から」というのが鍵です。市民への説明は今やどこでも行われるようになりましたが、市民への説明をしたというアリバイづくりのために行われているだけのものが目立ちます。「市民」という場合、その市民のさまざまな意見の集約体がNPOですから、NPOたちの参加システムをつくればいいのです。さらにNPOたちが話し合い、合意をつくる必要があります。その新しい合意手法を学ぶための「ワークショップ」などの手法も開発されています。平等に忌憚なく、活発に話し合い、多様な他者の意見の存在を認めることによって合意へと至る「ワークショップ」です。

そうした「場」の設定こそ、政府・行政が気を配り、その「場」の意見や合意を大切にすることが、国家運営の初歩だと認識し合うことです。こうした意思決定の場へのNPOの参画は、市民側にも当然ながら責任を伴う仕組みとなります。同時にそれは市民のニーズを把握し、素早く反応できるシステムであり、社会の格差化を抑制するシステムとして機能します。

今後、異なるセクターが最初から話し合い、合意し、協働していくために、その話し合いと合意を促進する「協働コーディネーター／ファシリテーター」という職種が重要な役割を担うことになります。

行政などの職場で、そうした職種をしっかりと内部化（雇用・人材育成）していくことが必須の時代となっています。

第2節　オランダモデルを形成するために

1．三セクター協働モデルへ

オランダモデルの形成

オランダモデルとは、「三者（セクター）の対等なパートナーシップに基づく合意システム」だと書きました。しかし、欧米といえどもNPOセクターの大きさや力は、政府セクターや企業セクターに比べるとまだまだきわめて小さく、いわんや日本は、世界の先進国の中でNPOセクターが最小の国です。現在の私たちにとっては、NPOセクターの重要性を政府セクターや企業セクターと同等に位置付ける時代が来るということは、想像し難いことかもしれません。

もちろんまだどの国でも、三者が常に対等であるという前提で話し合いを始められるほどの信頼関係が構築されているとは思えません。むしろ、政府セクターと企業セクターの二セクターモデルの蜜月を邪魔するもの、敵対する存在、あるいは面倒な素人集団として認識されている面が強いことでしょう。

オランダモデルの形成には時間がかかりそうです。三者間の信頼関係がなければ、そもそも合意もあ

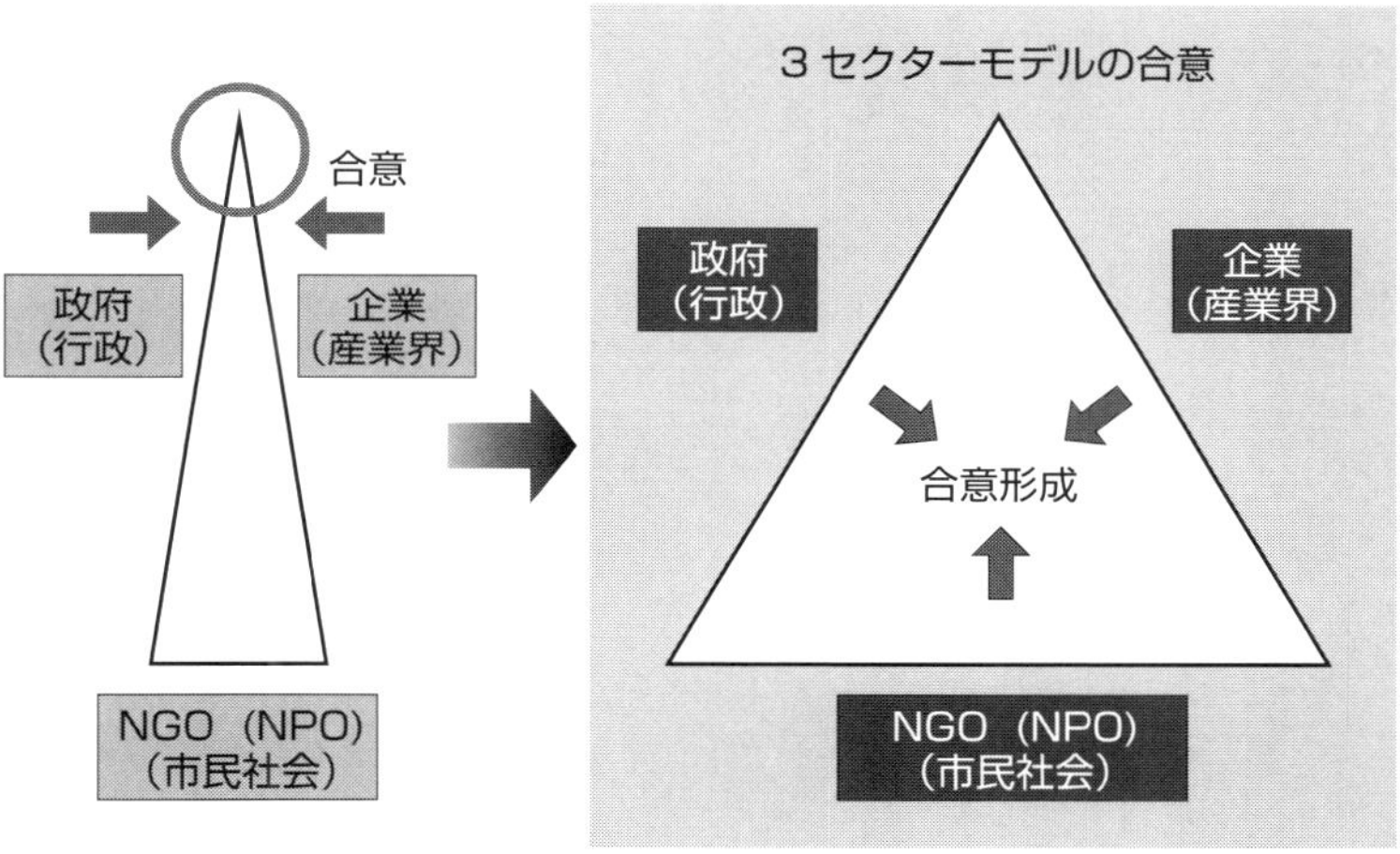

図4　3セクター合意形成モデルへの移行——2セクターから3セクターモデルへ

出所：筆者作成

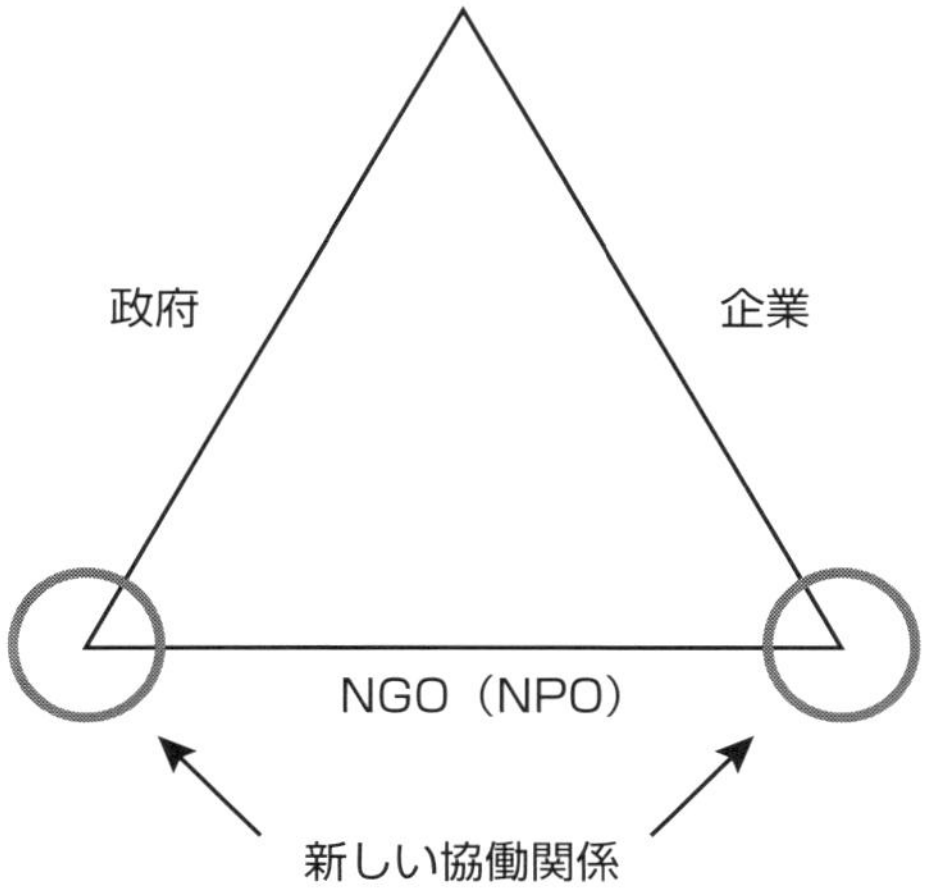

図5　3セクターモデルへの移行プロセス

出所：筆者作成

りえないからです。「合意」とは、〝ギブ&テイク〟でもありますから、ギブ（譲許）するには相手もギブするであろう信頼感が必要だからです。

三者が信頼関係を構築するプロセスとして、図5のように、「政府セクターとNPOセクター」及び「企業セクターとNPOセクター」という各々の二者間で協働関係を積み重ねていく必要があります。政府セクターとNPOセクターがパートナーシップ（協働）を組んで社会や世界をより良くしていこうとする体験や、企業セクターとNPOセクターがパートナーシップを組んで、一緒になって社会をより良くしていく体験、こうした協働体験によって三者間の対等な話し合いを保障する信頼関係が徐々につくられ、やがては確かな三セクターモデルが形成されていくのです。

他方、政府と企業との協働関係については、むしろこれまでの癒着関係を情報公開などを通して清算していく必要があります。

実際に、そうした各々の二者間の協働体験が、九〇年代後半から二一世紀に入って、着々と積み上げられ、成果を上げています。「政府とNPO」との協働体験は、とくに新しい国際（多国間）条約の成立において大きな成果を上げてきました。NPO（NGO）と、そのNPOの主張に賛成する国家（政府）との協働によって、それまで長きにわたって進展してこなかった新しい国際条約が短期間のうちに成立する体験が始まり、国際条約の成立に「プロセス革命」を起こしてきました。

そして、企業とNPOの協働によってつくり上げられてきたパートナーシップ（協働）の体験と成果は、CSR（企業の社会的責任）という、新しい経営論の登場をもたらしました。企業は今や経済（収益）のみならず、環境的側面、社会的側面にも取り組まねばならなくなっています（トリプルボトムライン論）。

さらに、その結果として目指すべき三者（セクター）による協働プロジェクト的なものも国際的に始まっています。例えば、オリンピックの「グリーンゲーム」です。他方、国内的には、東日本大災害への対応でみられたように、行政とＮＰＯとの協働、行政＝ＮＰＯ＝企業の三者間の協働関係の体験を私たちは積み上げてきています。

三者協働の先駆的事例――グリーンゲーム

これは明確な三者協働方式ではなく擬似的なものですが、二〇〇〇年のシドニー・オリンピックで、ＮＧＯと政府あるいは企業との協働で環境にやさしいオリンピック（グリーンゲーム）を先駆的に開発しました。

シドニー・オリンピック誘致委員会では、一九九三年の誘致計画書の提出にあたり、環境面での取り組みについては「最初から」、グリーンピース・オーストラリアなどのＮＧＯが参画して計画書（環境ガイドライン）を作成し、これを「環境にやさしいオリンピック」という意味の「グリーンゲーム」と名付け、提案しました。その結果、シドニー・オリンピックは、太陽光発電による持続可能エネルギーの使用、ダイオキシンを出す塩ビ使用の削減、熱帯雨林など原生林の木材を使用せず、再生可能な木材（ＦＳＣ）の認証を受けたものを使用する、雨水の再利用、自動車排ガスの削減等々多くの成果を上げました。

国際オリンピック委員会は、一九九九年にこの「グリーンゲーム」方式を以後のオリンピックの誘致条件とすることに決定し、最初の適用ケースが二〇〇八年の北京オリンピックでした。中国（北京市）は、「ＮＰＯが最初から参加」してオリンピックの環境対応を考えるという「グリーンゲーム」方式の採用によって見事に誘致に成功しました。北京誘致委員会は中国の環境ＮＰＯに集まってもらい環境計画を作成し提出しました。北京オリンピックは「緑色五輪」と呼ばれました。中国にもすでにたくさんのNPOがあることは、オリンピックの誘致成功が示すとおりです。

北京もロンドンもリオデジャネイロのオリンピック・パラリンピックもNPOが参加して環境ガイドラインを作成し、取り組みました。北京オリンピックの評価報告書を公開したグリーンピース中国は、中国政府及び実行委員会が情報を適切に公開しないため、十分な評価はできないと批判しました。二〇一二年のロンドン大会は、「史上最も持続可能なオリンピック」だったと、環境NGOのWWFなどから高く評価されました。二〇一六年のリオデジャネイロ大会では、金メダルの素材となる金の採取には通常環境汚染する水銀を使用するが、一切水銀を使用しなかったなど、環境問題にも果敢に挑戦しましたが、水泳の飛び込みプールやセーリングコースの水質汚染等々、環境問題への取り組み不足が問題となりました。二〇二〇年の東京オリンピック・パラリンピックでも環境対応は大きく掲げられていますが、具体的な取り組みについては未だほとんど進展をみせていないようです。

現在はオリンピックのみならず、ワールドカップ（サッカー）などなど、国際スポーツイベントには、企業スポンサーの参画のみならず、いずれも国際・国内のNPOが関わり、人種差別、児童労働、子ども育成等々の世界の課題に共に協働しつつ開催に取り組む方式が定着してきています(3)。

二〇二〇年は東京オリンピック・パラリンピックですが、東京の誘致委員会がどのようにNPOと協働して「環境ガイドライン」を作成したのかよく分かりません。世界初の「カーボンマイナスオリンピック」を目指すということで、環境負荷の最小化、自然と共生する都市計画、スポーツを通じた持続可能な社会づくりを三本柱としてあげており、厳しいグリーンビル基準に従って競技会場の建設や改修を行うと謳っていますが、一六年大会招致運動の際に策定したものを更新したという「環境ガイドライン」が、どのようにＮＰＯとの協議を通じて改定されたのかは公表されていません。[4]

以下にＮＰＯと政府、ＮＰＯと企業との協働体験のいくつかを簡単に紹介しておきましょう。

2．政府とＮＰＯの協働へ向けて

政府とＮＰＯとの協働体験は、とくに新しい国際（多国間）条約の成立において大きな成果を上げてきました。表１はそれらの事例リストですが、対人地雷全面禁止条約の成立（一九九七年）を皮切りに、ＮＰＯの国境を超えた国際ネットワークが国際条約の成立に大きな影響を与えている事例が出てくるようになっています。事例のいくつかについて紹介しておきましょう。[5]

（1）国際条約における協働ケース
―ＩＣＢＬ――対人地雷全面禁止条約の成立

あらゆる武器は非人間的ですが、対人地雷は戦争が終結し、平和がやってきた後も人々を殺し、あるいは障がい者にしてしまう、武器の中でもとくに非人間的な武器の一つです。この対人地雷を「即時、全面的、抜け穴なしに禁止」する国際条約ができたことは、それだけでも十分すばらしいことで、その成果を称え、この条約の成立を主導したＮＧＯ（本項ではＮＧＯと表示する）のＩＣＢＬ（対人地雷禁止国際キャンペーン／International Campaign to Ban Landmines）には一九九七年にノーベル平和賞が与えられました。

しかし、ＩＣＢＬの活動には、もっと大きな歴史的意義があったのです。この条約は、世界史上はじめて、ＮＧＯのイニシアチブによって推進され、ＮＧＯの主張に賛同する国家との協働によって成立し

表1　NPO（NGO）が成立に強く影響を与えた国際条約

・対人地雷全面禁止条約（1997年）
・気候変動枠組み条約・京都議定書（1997年）
・国際刑事裁判所の設立規定（2002年設立）
・重債務開発途上国の債務帳消し（2000年までに債務帳消しを求めたJUBILEE2000キャンペーン）
・WTO（世界貿易機関）のTRIPs協定（貿易関連知的所有権協定）におけるジェネリック薬問題
・クラスター爆弾廃絶条約（2008年）等々
・核兵器禁止条約（2016年10月、国連軍縮委は17年3月からの条約交渉開始を決議）
・その他に、児童労働廃絶への取り組み、国際連帯税（国際金融取引税など）導入への取り組み（進展中）、等

出所：筆者作成

たはじめての国際条約だったのです。つまり、国際条約の成立過程に「プロセス革命」を起こしたことが最大の受賞理由でもあったのです。

ＩＣＢＬという国際ＮＧＯは、一九九二年に設立され、各国のＮＧＯとネットワークを形成していきました。九五年のジュネーブ軍縮会議（特定通常兵器使用禁止・制限条約＝ＣＣＷ再検討会議）が対人地雷禁止条約の成立に失敗した後、カナダやオランダなどＩＣＢＬの主張に賛成する国家は「中核国」（コア・カントリーズ）というグループを形成し、ＩＣＢＬと共に各国に国際会議への招待状を送りました。参加の基準は明確で、「対人地雷の即時、全面的、抜け穴なしの禁止」に賛同するということだけです。第一回国際会議は九六年一〇月にオタワで開催され、会議の開催のたびに参加国は多くなり、一年二カ月という短期間のうちに、対人地雷全面禁止条約を成立させてしまったのです（但し、米国とロシアなどは参加せず）。

この間に、ＩＣＢＬのキャンペーンは各国に広がっていき、各国でネットワーク拠点ができあがっていきました。日本ではＪＣＢＬとして設立、事務局をＮＰＯのＰＡＲＣ（アジア太平洋情報センター）の中に置きました。これら各国のネットワーク拠点は自国政府と市民に働きかける運動をしていきました。平和が来てもなお子どもや母親たちを殺傷し続けている対人地雷の過酷さ、環境破壊などを訴え、平和・

紛争問題としてのみならず、人権、子ども、女性、環境等の問題として訴え、幅広い運動となっていきました。

それまで多国間条約（国際条約）の交渉は、国家が代表権をもつ国際機関の場で、政府代表者のみが出席し、国益のぶつかり合いによる交渉がなされてきました。しかし、この条約は、「国際機関の枠組み外で国際条約の形成に成功したはじめてのケース」「安全保障・軍事分野にNGOが関わるようになった事例」として評価され、多国間条約の「プロセス革命」を起こした代表的な事例となりました。(6)このプロセスは「オタワプロセス」と呼ばれています。

それまでの政府代表のみによる交渉プロセスとは別の、新しいプロセス、すなわち国際NGO（市民社会）のネットワークが大きな推進力となり、NGOの主張に賛同する国家（政府）との協働によって、国際条約が成立する新しいプロセスができあがったのです。国益には前述のとおり企業益（軍需産業など）が優先されがちですが、NGOセクター（市民社会）の益、すなわち公共益をも強く反映されうるようなプロセスができあがったことは、人類史における大きな成果となりました。

二〇〇八年のクラスター爆弾廃絶条約もほぼ同じやり方で成功した事例です。

気候行動ネットワーク（CAN）――京都議定書の合意

地球環境問題に取り組む国際的なNGOネットワークであるCAN（Climate Action Network）は、CANの主張に賛成する国家と協働して、気候変動枠組み条約（一九九二年署名）の京都議定書の締結（九七年）に強い影響を与えました。

この時、CANと協働した国家グループは、一つは温暖化による海面上昇に苦しむ小島嶼諸国の連合

（ＡＯＳＩＳ＝Alliance of Small Island States）、もう一つは欧州、インド、中国など非産油途上国を中心に結成された「グリーングループ」です。この協働によって、京都議定書の数値目標導入へ向けてモメンタムを形成することができました。

もしＣＡＮとＣＡＮの主張に賛同する国家グループとの協働がなかったならば、京都議定書は総論賛成、各論反対で、具体的な数値目標の合意のない、意味のないものになっただろうといわれています。

ＣＡＮというＮＧＯの国際ネットワークは、環境問題に関心のある団体はすべて参加できるような幅広い受け入れ体制をとりました。そして、世界を七地区に分けて、各地区ごとに話し合う仕組みをつくり、参加団体全体の合意を得たもののみ国際的に働きかけていく合意方式をとりました。これは基本的にはＮＧＯがネットワークを組む時に採用している方式です。

また、ＡＯＳＩＳ諸国は専門家の不足から十分な代表団を組むことができないため、ＣＡＮのメンバーが各国の代表団のメンバーとして参加したり、会議自身にＮＧＯがオブザーバー参加できる決議を提案してもらって、会議出席の道を開いたり、ＮＧＯの発言の機会をつくったりしました。その結果、国際会議の議事録はこれら出席ＮＧＯたちによって翌朝までに作成され、インターネットで世界に即座に公表されるため、秘密交渉の余地を小さくしたといわれています。

さらに、とくに地球環境問題の研究者の国際ネットワークをつくり、最先端の研究情報を共有する仕組みをつくった（『eco』という情報誌の作成）ことも、情報共有面では大きく貢献しました。

二〇一〇年に名古屋で開催された生物多様性条約第一〇回締約国会議（ＣＯＰ10）では、生物多様性を保全するための「愛知目標（ターゲット）」と、遺伝資源を利用する際の利益配分（ＡＢＳ）の国際ルールを定めた「名古屋議定書」が採択されましたが、この時に果たした世界のＮＧＯの役割も実に大きなものがありました。また、二〇一五年一二月の国連気候変動枠組条約第二一回締約国会議（COP21）では、二〇二〇年以降の国際的枠組みに合意（パリ協定）しましたが、ここでもNGOは活躍しました。

国際刑事裁判所の設立と国際NPO

戦争犯罪人など国家権力を悪用して罪を犯した人々を裁く常設の国際刑事裁判所の設立を求めるNGOの国際ネットワークCICC（Coalition for the International Criminal Court）と、その主張に賛同する国家との協働によって、一九九八年に国際刑事裁判所設立規程が採択（二〇〇二年発効）されました。協働した国家グループは「志を同じくする国」（LMC＝Like Minded Countries）と呼ばれています。この交渉プロセスは国連の場で行われたため、国連外交におけるNGOの参画過程のモデルとなっています。裁判所はオランダのハーグに設置されました。

ジュビリー2000（債務帳消し）キャンペーン

重債務途上国の債務帳消しに取り組んだジュビリー2000キャンペーンもその一つです。多くの開発途上国は先進国（IMF＝国際通貨基金）が強制する貸出条件（SAP＝構造調整計画）に従って経済開発資金の借り入れを得てきました。各国はIMF（先進国）の指導の下に開発計画を作成するのですが、SAPは返済優先、輸出志向型の経済開発を求めるなど、その計画は多くが失敗し、債務を累積して苦しんできました。国家予算は債務返済を優先させねばならず、国内の教育や医療などの社会投資の大幅削減に直面し、ますます苦境に陥ってきました。

この状況に対して、二〇〇〇年までに債務帳消しを求める国際的なNGOネットワークのキャンペーン（ＪＵＢＩＬＥＥ２０００）が展開され、二〇〇〇年代中頃までには概ねの成功をおさめてきました。Ｇ７（七カ国蔵相会議）や首脳会議（サミット）をターゲットに、とくにサミット主催国との協働などによって、成功を達成しました。

必須医薬品入手キャンペーン――ジェネリック薬問題の前進

ＨＩＶ／エイズはすでに抗レトロウィルス薬が開発されており、その薬を飲んでいればエイズは発症せず、普通の生活をしつつ天寿を全うすることができるほどに薬の開発が進んできました。

しかし、貧しい国の人々は、その薬があれば命を長らえられるのに、お金がないために手に入れられず命を落としていきます。そのようなことがあってはならないと誰もが思うでしょう。地球上のすべての人々誰にでも、必須医薬品は入手できる状況をつくろうとする（これを「ユニバーサルアクセス」あるいは「サービスのユニバーサリティ」といいます）国際キャンペーンをＮＧＯは展開してきました。

しかし、こうしたＨＩＶ／エイズ、結核、マラリアなど途上国の熱帯病や感染症の治療のための必須医薬品の入手は、先進国主導のＷＴＯ（世界貿易機関）のＴＲＩＰｓ協定（貿易関連知的所有権協定）によって阻害されていました。世界のＮＧＯの連携した活動によって、状況は少しずつ前進していき、ついにこの協定の解釈改定によって、必要な人に必要な医薬品が届けられる道筋が開け始めました（いわゆるジェネリック薬問題）。これには国境なき医師団、オックスファム等々のＮＧＯと、インド、ブラジル、タイ、南ア、メキシコなど中進国政府との協働が背景にあります。いずれも、ＮＧＯの国際ネットワークと、ＮＧＯの主張に賛同する特定国政府との協働によって成功してきた事例です。

（2）国内におけるＮＰＯと政府・行政の協働——三・一一後に起こったこと

日本国内でも、政府とＮＰＯとの連絡・協議・協働体制はすでに存在しています。一つはＯＤＡ（政府開発援助）です。ＯＤＡは、従来の「二国間援助」（相手国政府への提供）や「多国間援助」（国際機関への提供）による供与方式に対して、第三のルートとして新たにＮＰＯ経由でも供与していく方式が国際的に定着してきています。先進国は自国のＯＤＡ予算の一定比率をＮＰＯに提供し、ＮＰＯは途上国の小さいが優れた地域開発や教育・医療など社会投資プロジェクトに提供していくものです。これも政府とＮＰＯの協働の一つです。

現在では、欧米諸国はＯＤＡ予算の一〇～二〇％（あるいはそれ以上）をＮＰＯに提供しています。日本はこれまで三～五％程となっていましたが、近年のＯＤＡ予算の削減の中で比率は少し高くなっているようです[7]。

地方自治体における行政とＮＰＯの協働の推進については、一九八九年末のＮＰＯ法の導入後、大きな課題となってきました。その一つが指定管理者制度の導入です。ＮＰＯなどに対して自治体の管理業務を委託できるようにする制度で、行政とＮＰＯとの協働を推進するものとして期待されました。しかし、日本では従来からのお上意識と、ＮＰＯセクターの小ささ故に、行政が財政赤字削減策としてＮＰＯの安い労働力を活用しようとする意図や、ＮＰＯが自治体からの無理な要請を我慢して受けてしまう傾向など、対等な関係としての「協働」自身が課題となっています。

石巻モデルについて

しかし、他方では東日本大震災を契機に、これまでなかったような新しい本格的な行政とＮＰＯとの深い協働関係が構築され、救援と復興に大きな役割を果たすという新しい現象も起こっています。さらにこれに企業も協働する三者の協働事例も多く起こりました。

その一つとして宮城県石巻市の「一般社団法人石巻災害復興支援協議会」の事例を紹介しましょう。同協議会は二〇一一年一一月から、名称を「一般社団法人みらいサポート石巻」へ変更し一五年に公益社団法人になっています。名称変更は、救援・復興支援を中心とする全国のＮＰＯネットワーク的な組織の段階から、新しい石巻の未来をつくっていく段階となったためで、以下に紹介する協議会時代とは組織を一新しています。

しかし、この協議会の事例は、災害救援、復興支援段階の取り組み、組織化のあり方としてはきわめて有効であり、自治体（行政）による市民社会活動への〝感受性〟の差が、救援・復興への対応のスピードときめ細かさに大きな違いをもたらしていると感じられる事例です。

筆者はこの協議会のシステムを「石巻モデル」と呼んでいます。(8) 今回の大震災では、行政とＮＰＯの協働はあらゆる地域でみられました。「遠野まごころネットワーク」なども代表的なものの一つとして指摘できますが、その中でもＮＰＯと行政の新しい協働モデルの典型として、「石巻モデル」は位置付けられるでしょう。

三・一一は被害があまりにも広域的かつ甚大であったため、自治体の機能が大きく失われ、自治体の初動が遅れたところが多くありました。食事の提供、避難所の整備や、ゴミ出しから薬の配分、ガソリンの給油制限（緊急車両への配分）など、さまざまなところで行政の対処の遅れが指摘されました。しかし、自治体（行政）の人々は自身も被災し、行政の建物自体も被害を大きく受けた中で、必死になって対処したことはいうまでもありません。しかし、その被災の大きさによって十分対応できなかったことも確かです。

こうした時には役所の縦割り行政の弊害が一挙に露呈することになります。しかし、そうした弊害を非難しても状況が改善されるわけではありません。それよりも実効的な道を考え、縦割り行政の弊害を打破し、あるいは行政を補完・強化するためにNPOたちが設立したのがこの組織でした。

震災から約一週間後の三月二〇日に、現地に入っていたNPOや現地側の有志たちは「石巻支援NGO連絡会」をスタートさせ、情報の共有の場を設定、四月二日に「石巻災害復興支援協議会」と名称を変更しました。この時すでに協議会への参加団体は二〇〇に達し、ボランティア登録者数は一〇〇〇を超えていました。協議会はNPOによる情報ネットワークから〝アクション・パートナーシップ〟の組織へと発展・進化してきました。そしてNPOたちによる自主管理システムによって構築された行政との新しい協働団体となっていきました。

このNPOの集合体がボランティアと被災者をつなぐ機能を果たす中間団体となり、同時に、行政サービス機能を喪失した自治体に代わって、地域の人々に行政サービスの提供を「代行」したのです。


ニーズ変化に密着した一二の「分科会」


行政や企業の寄付など、提供される必要物資を個々の被災者に届けて回ったのもこれらNPOと、そのNPOと共に働くボランティアたちでした。被災者への食事の提供（炊き出し）も本来行政が行うべき仕事なのですが、行政がその機能を喪失したため、行政に代わってNPOがその提供を代行したのです。

当初は同じ避難所にいくつかの団体が炊き出しに入り、つくり過ぎてしまい、他方では炊き出しが届

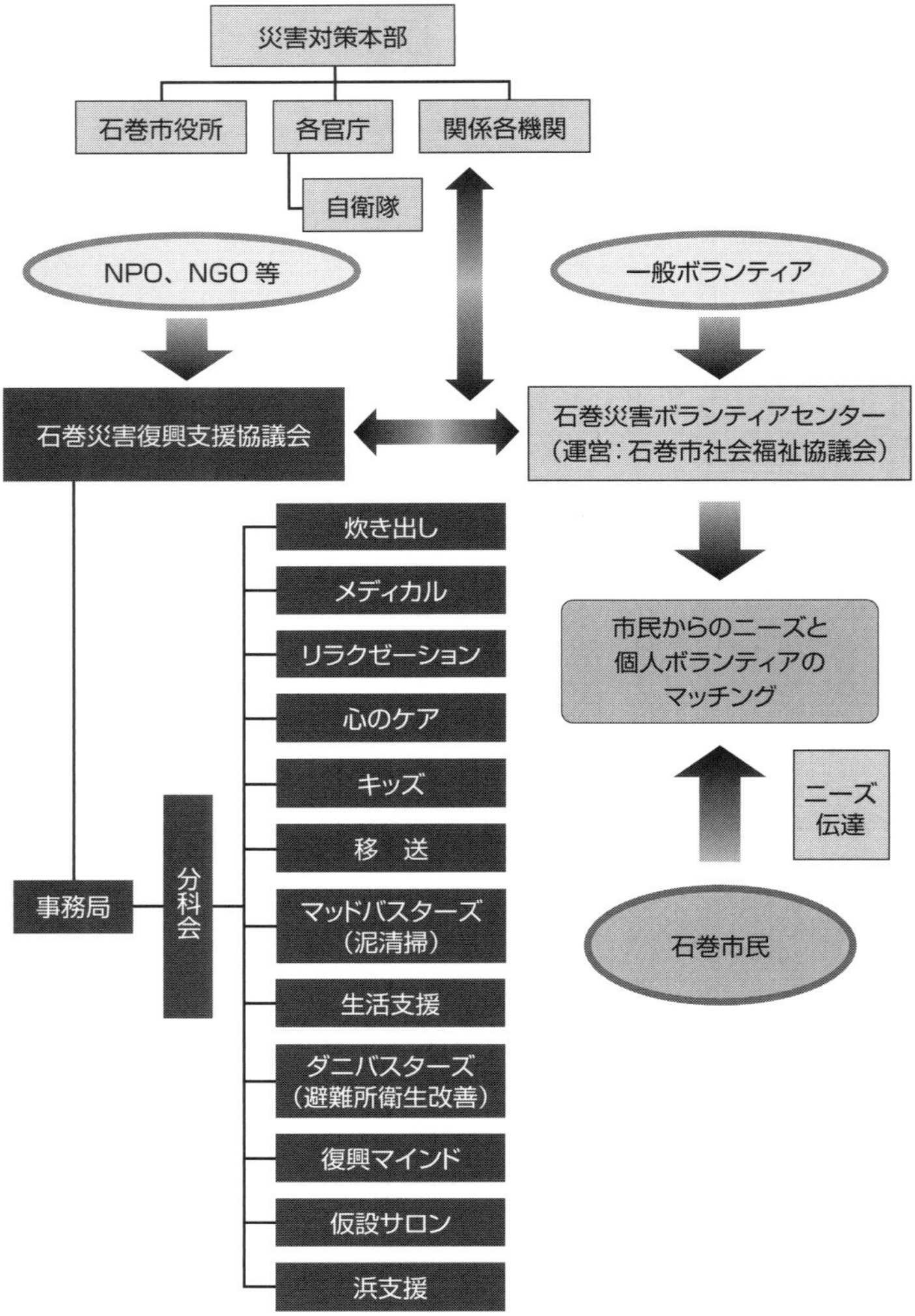

図6　石巻災害復興支援協議会の仕組み

出所：石巻災害復興支援協議会ホームページ

表2　石巻災害復興支援協議会の12分科会の内容

①炊き出し	被災者への食事の提供。避難所や在宅避難者向けのニーズと、炊き出し提供団体とのマッチングを行い、その日の炊き出し数と翌日の提供予定数をまとめる。
②メディカル（医療）	健康診断活動、訪問診療等を行う。医師や看護士の往診を含め、仮設診療所のサポートやリハビリ活動を実施。
③リラクゼーション&エンターテイメント	整体・マッサージ・鍼灸などスキル資格をもつ個人ボランティアがチームを結成。他に美容・理容等、音楽、大工等。
④心のケア	臨床心理士やストレスケアに取り組むグループが調整し、被災者の心に寄り添い、心理的負担を和らげるための活動を行う。
⑤キッズ（子どものケア）	紙芝居、音楽、おもちゃの配布等により子どものケアを行う。サッカーなどの運動、折り紙などの教育的遊戯や支援など。
⑥移送（車による運転の提供）	交通手段を失くしている被災者に通院や入浴等の介護、役所での手続き等のための車による移送サービスを提供。
⑦マッドバスターズ（泥出し、瓦礫撤去・車両撤去）	自宅（一般家屋）からの泥出しや、壊れた家具・水に浸かった畳などの運び出し作業を行う。当初最も重要な役割を果たした。
⑧生活支援	仮設住宅入居者への物資配布等を行うために5月2日新設。その後仮設風呂の運営や避難所の地図情報の作成などを含め、さまざまな生活支援活動を実施。
⑨復興マインド	ニーズ把握調査を一本化するため設置。当初は在宅避難者向けの現状調査・ニーズ調査や物資配布を実施。その後は復興意識の啓発イベントなど企画・開催。
⑩ダニバスターズ	暖かくなると大量のハエ・蚊・ダニが発生するため設置。避難所の布団、毛布の交換・乾燥と共に、環境改善に取り組む（5月30日〜9月14日開設）。
⑪仮設サロン	コミュニティの自立を見据えた活動が求められるようになり、人々が出会い、話し合える場として、仮設住宅の集会所や談話室などでお茶会など開催。
⑫浜支援	漁具回収プロジェクトが牡鹿半島で進められ、浜の清掃や養殖の手伝い（漁業支援）や畑の再生（農業支援）など。

この12分科会以外に、「ガンバッペ『絆』石巻」キャンペーン、地元産品の販売促進のためのマーケットの開催なども実施。

その後、ボランティアと被災者が再び出会える仕組み、和歌山やタイなどの内外の被災地への人材派遣、石巻モデルの意義の全国的広報の展開、ボランティア研修センターの設立、語り伝える「語り部」、被災地ツアーの企画などに取り組んでいる。

出所：資料をもとに筆者作成

かないところがある状態が起こりました。そこで「NGO連絡会」を立ち上げて調整し合い、さらに協議会へ移行することによって、総合的・統合的に活動できる組織へと向かっていきました。その結果、石巻市内への対応だけでなく、ここを拠点にNPOたちはお互いニーズの発見と調整を行い、近隣の自治体にも赴くようになりました。

協議会には事務局があり、フィールド（活動）別に、一二の「分科会」が設置されていきました（図6、表2）。これらはニーズと活動の変化に対応して設立されていき、役割を終えると閉鎖してきました。この一二の分科会こそ、大きな災害時において対応すべき「ニーズ」のすべてを表しているといえるでしょう。そして、一年がたつ頃には、ボランティアの役割も泥出しなど人数を必要とした時期を終え、復興に直接関わるためのボランティアが求められるようになりました。被災者が集まって話し合えるサロンやカフェのような場所や、手仕事をしたり、さらに「語り部」や「被災地ツアー」の企画も意味をもつようになりました。

協議会設立の意味するもの

協議会が有効に機能しえたのにはいくつかの理由が指摘できると思います。

協議会の設立の意義の第一は、NPOという市民団体の受け皿をつくったという点があげられます。一九九五年の阪神・淡路大震災を契機に、個人のボランティアの受け入れの仕組みがつくられましたが（各地の社会福祉協議会が災害ボランティアセンターを設立して受け入れる）、NPOなどの市民団体を組織的に受け入れる仕組みの設立については決められていませんでした。

今回の協議会の設立とその機能の意味は、こうした団体を受け入れ、団体が協力・調整し合って取り組むことによってその効果を最大化するような仕組みをつくったのです。つまり、個人ボランティアはこれまでどおり社会福祉協議会が担当し、団体については協議会を設立し、自主管理するという役割分担の仕組みがつくられたことになります。

ＮＰＯなどの団体が活動する場合には、この協議会に登録してもらい、活動を同じくする団体と分科会で情報共有や調整を実施しながら活動するシステムが確立しました。その結果、日々の活動を通して個人的関係も深まっていき、団体間の連携も強化されていくことになりました。

第二に、ＮＰＯたちの自主管理組織としての協議会は、行政がその機能を喪失した時、いち早くかつ適切に行政サービスを補完し、「行政サービスの代行」を見事に行い続けました。炊き出しをはじめとする協議会の分科会の名称で分かるように、まさに行政が行うべきサービスを緊急時において、これら市民団体が代行したのです。協議会は、ＮＰＯのネットワーキングの場に終わらず、行政や自衛隊と対等に行政を補完するサービスを提供すると共に、その与えられた責任を全うしたのです。個人のボランティアを組織化し、より高い機能へと高めた成果と実態を通して、ボランティアとそれを組織化する団体としての市民社会団体（ＮＰＯ）は、災害支援の「機能」として行政や市民にも認められることになりました。

第三には、その運営は基本的に国際ＮＧＯ方式によって行ったという点です。それは一つは活動目的別に分科会をつくり、その活動テーマごと、つまり団体の専門性に沿って情報交換と調整を一任したことです。もう一つは、基本的に参加者全員の「合意方式」を前提として運営するようにしたことです。リーダーシップと称して上から一方的に仕切る方式は古い二〇世紀的やり方なのです。

そのため、各団体はその目的と能力に応じて自由に参加の程度を調整できることになります。そんな参加自由方式で組織として機能しうるのかと思われる方もいるかもしれませんが、理念で結ばれた組織はそれが可能なのです。国際的な体験がそれを示しています。

各団体はその活動成果についてはそれぞれ自らのホームページなどで広報するのですが、協議会としては各テーマごとの成果を集計し、その合計値を対外的に、具体的には災害対策本部等に報告できることになります。その総合成果はまさに目にみえる巨大なものとなったのです。

第四に、ＮＰＯのネットワーク組織としてだけではなく、「協議会」という一つの活動組織にすることによって、さらに大きな成果をあげることのできる組織となりました。ネットワーク組織である限り、一つ一つの団体は全く別組織として行動します。しかし、協議会という一つの団体になったことによって、各団体がもっている資源は共有の資源になりえます。

例えば、瓦礫撤去のための重機やトラックや鉄底の長靴やシャベル等々の、ボランティアたちが使用する備品・道具類などについて、それぞれの団体が独自ルートで調達してきたものが、協議会という一つの組織の共有財としてお互いシェアするようになり、さらに共同作業や情報交換・調整会議を通じた出合いによって個人的にも親しくなっていくに従い、シェアは一層促進され、全体の機動力は大きく向上することになりました。例えば、ＮＰＯピースボートの倉庫にある膨大な瓦礫除去用器具・備品は、多くの団体によって共有使用され、活躍したのです。

協議会の意義の第五は、これら団体が個人ボランティアの活動をも最大限組織化し、効率・有効化する仕組みとして機能しえたことです。個人のボランティアもＮＰＯの枠組みの中で活動することによって、被災者への対応の仕方、ボランティア活動の心得などについて事前に研修を受けることができます。この事前研修はとても大切なことです。

現地に到着したらむやみに写真を撮らないこと、「被災地」という言葉はいわず、地名をちゃんということ（誰もが自分の町を誇りに思っています）。「瓦礫」といってはいけないこと。被災者にとっては、たとえ大きく壊れていても、どのモノも大切な財産であり、思い出のあるものだからです。このようなことを学ぶことができます。参加者は事前にチームを結成して話し合い、現場での組織的ボランティア活動に参加し、さらに事後の話し合いなどができ、貴重なボランティア体験を一層貴重な経験へと高めることができるチャンスとなる仕組みとなっているのです。それが参加するボランティアにとって居心地のいい場所つくりとなり、一定の秩序（ルール）を形成することになったのです。

第六に、こうして行政や市民に認められることによって、協議会は災害という非常時における行政の最高意思決定機関である「災害対策本部」のメンバーになり、その最前線情報の把握力と提案力によって災害対策に大きく貢献しました。ＮＰＯ的組織が各官庁や消防、自衛隊と並んで災害対策本部のメンバーになったはじめてのケースかどうかは知りませんが、珍しい出来事かと思います。被災者の状況に関するすべての情報が、現場で活動するＮＰＯから協議会を通じて災害対策本部に直接もたらされる仕組みができたのですから、災害対策の上で、実に有効な情報提供となりました。

市民社会力を自覚し、感受性の高い自治体ほど、つまり、ＮＰＯと協働を行ったところほど、救援・復興への取り組みが早く、きめ細かく行われうるということを示す、新しい協働の事例となっています。

石巻モデルから行政が学ぶべきこと

石巻モデルが行政に対して問いかけていること、防災対策としてこれからの行政が認識すべきことは、以下のようなことではないかと思います。

（一）災害からの救援・復興には、市民社会団体（ＮＰＯ）との協働が必須であるということ。とくに初期の救援段階においては、ＮＰＯが果たす役割と効果は計り知れないほどに大きなものがあるということ。

（二）行政は自らの自治体の被災によって、その管理能力を大きく損傷したとしても、行政で働く人々は、ＮＰＯの専門性・組織力、動員力・調整力を信頼して、いち早く歓迎し、受け入れ、協働し、任せていくことで、より早くかつきめ細かい、体系的な救援・復興への取り組みが可能となるということ。

（三）行政とＮＰＯの新しい協働の時代が始まっているという認識をもつこと。行政に代わって、行政サービスそのものをＮＰＯが提供できるという信頼性（つまりオランダモデルの仕組みの可能性）を日本の自治体がはじめて経験したのだと思います。

このように「石巻モデル」は、自治体が「ＮＰＯ力」（市民社会力）を本格的に認識する新しい時代ととらえる契機となりえているはずです。何よりも重要なことは、「市民社会力」を信頼し、確信し、協働することです。

（四）そして、最も重要な意義は、行政はＮＰＯという組織の専門性、組織性、機動性、有効性を、今回の対応を通して経験的に認識する必要があるということです。つまり、行政にとって、災害時には自分たちがボランティアやＮＰＯたちを管理できる体制ができるまで彼らに来てほしくないという姿勢ではなく、そうした機能を喪失した場合にこそ一層、いち早くＮＰＯたちを受け入れるよう呼び掛け、受け入れた自治体こそ（受け入れ体制の構築はＮＰＯたちに任せればいいのです）、いち早くかつきめ細かい救援活動が可能になるということです。

（五）これからの自治体の職員にとって必須の能力（認識）は、市民社会力（ＮＰＯ）を信頼し、彼らに運営をも任せる度量をもつということであるといえるでしょう。

自治体は今後の災害対策のあり方として、災害時には石巻モデルをいち早くスムースに展開できる体制をつくっておくことが望まれます。例えば、災害が起きた時には、どのようなニーズが生じるかは協議会の分科会の先駆的事例から判断できます。そこで、この分科会のテーマ（目的）に沿って活動している自らの自治体の市民社会活動団体にこの分科会別のグループをつくってもらい、災害時には外からの団体の受け入れ担当や地元との仲介役を担ってもらうような仕組みをつくっておくことでしょう。それは同時に自治体の市民社会力を向上させ、自治体の活性化をもたらすことになるでしょう。日本においても、三・一一への対応を通して、ＮＰＯセクターの基礎体力が一層強まり、さらに今後も強まっていくのではないかと感じられます。

こうしたＮＰＯの能力は、災害時の救援のみならず、復旧・復興段階についても同様ですし、さらに災害対応に限らず、各地域の課題への取り組みを含めすべてにいえることでしょう。

3. 企業とNPOの協働へ向けて

ＣＳＲ経営論の本質

もう一方の「企業とＮＰＯ」が協働して世界をより良くしていこうとする体験の積み上げはどのように進展してきたのでしょうか。ＣＳＲ（企業の社会的責任／Corporate Social Responsibility）経営論の登場がそれです。CSR経営は企業とNPOとの相克と協働によってつくられてきた新しい経営論なのです。[9]

かつては企業とNPOは対抗関係にあった側面が強かったといえます。企業が市民社会への理解が乏しかったが故に、NPOは企業に対し「攻撃戦略」をとることが多かったのでしょう。しかし、一九九〇年代後半になると、次第にかつ急速に企業とNPOの間で「協働関係」が構築されていき、その結果CSR経営が形づくられてきたのです。

CSR経営の急速な顕在化の背景には、九〇年代以降の国際的なNPO・NGO活動の興隆だけではなく、八九年のエクソン社の石油タンカー、バルディーズ号がアラスカ沖で座礁し沿岸に甚大な被害を与えた事件をはじめ、多国籍企業による環境破壊や、エンロン、シェル、アホールド等々の大企業によるスキャンダルが九〇年代に顕在化したことにより、これに対抗する市民活動の興隆と企業側の危機感によるものでした。

とくに九五年、北海の石油備蓄リグが耐用年数に達したことによるリグの廃棄を、ロイヤル・ダッチ・シェルが北海の深海へ投棄すると決めたことがグリーンピースとの紛争（ブレントスパー事件）に発展し、CSR経営の形成に象徴的な影響を与えました。

CSRとは、企業とNPOの協働関係のことだと書きましたが、分かりやすくいえば、企業はNPOと協働できるよう自社の本業（コアビジネス）の中にいかにNPOを関わらせるか（組み入れるかと）いうことなのです。企業の社会貢献という言葉は昔からありました。日本企業にとっては、とくに米国をはじめ世界へ進出した八〇年代は、「社会貢献」（企業メセナ、企業フィランソロピーという言葉が出てきました）の興隆期でした。[10]

従来の「企業の社会貢献」と新しい「企業の社会的責任（CSR）」との違いは、前者は企業の唯一の目的は収益をあげることであり、その収益を株主や役員や社員に配分し、あるいは将来の投資のために社内留保するだけでなく、社会にも還元すべきという考え方です。つまり、社会貢献とは収益を社会にも寄付などによって還元すべきだというとらえ方でした。

これに対して、「企業の社会的責任（CSR）」とは、これまで企業はその経営組織を収益を上げることのみを目的に設定してきましたが、今後は「経済（収益）」的側面のみならず、「環境」的側面と「社会」的側面をもより良くする目的も含めたものに経営システムを改革していくという、新しい経営論なのです。つまり、本業（コアビジネス）に環境や社会の改善をも組み入れた経営システムに変えていこうということです。今では、CSR経営論は、トリプルボトムライン、マルチステークホルダー、サプライチェーンマネジメント、人権への取り組み（ラギー報告）、ISO26000、ESG、G4（GRIガイドライン第四版）、マテリアリティ、CSV（シェアード・バリュー経営論）、サーキュラー・エコノミー、エシカル（倫理的）貿易・投資、社会的責任投資等々へと理論化され、仕組みがつくられるなど深化してきています。

さらに、二〇一五年に世界が合意した、二〇三〇年までに達成を目指すSDGs（持続可能な開発目標）の導入は、企業のCSR経営を一層必須なものとしています。

企業競争力の源泉としてのNPOとの協働

CSRとはこのように企業とNPOの協働によって社会をより良くしていこうという新しい経営論です。CSRとは企業がその本業（コアビジネス）の中にNPOを組み入れることだと書きました。CSR経営は今では国際的な本質的動向になっており、企業競争力にとって欠かせないものとなっています。

私が会った欧州の経営者は次のように話していました。

「社会での企業活動の許可はこれまでは政府から与えられるものでしたが、今日では市民社会との対話を通じて決められます。同様に会社の正当性は政府から与えられるものでしたが、今日においては市民社会との対話の中で獲得していくものに変容してきています」「NPOと付き合うことは実に大きなメリットがあります。NPOは対話ができる団体であり、建設的な議論を展開しやすい。NPOと付き合うことは、同時に経営者にとって非常によいトレーニングの場になっています」[11]。

CSR経営とは、なぜ、企業がNPOを経営システムの中に組み入れることなのでしょうか。企業とNPOの視点の違いは、企業はステークホルダー（利害関係者）を自社との関係のみでみていますが、NPOは「企業は社会のステークホルダーの一つである」と考えています。企業がこの視点をもつことがCSRのポイントです。「社会の中の企業」であることを理解すれば、私たち一人ひとりの人間が社会と関わり貢献しなければならないのと同様、企業も社会のために尽くすこと（CSRをするということ）は当然のことであることが理解できるでしょう。

CSR経営論の登場の背景には、企業は法律を守ってさえいればよい時代ではなくなったということがあります。社会の変化に伴う社会ニーズの変化に対して法律の成立は追いつけず、企業が社会に与える影響がますます大きくなり、グローバルガバナンス（地球的課題への対応・統治）に大きな齟齬をきたすようになったことがあげられます。

企業は単に法律だけを守っていればいいのではなく、社会からの要請に対応していかねばなりません。社会のニーズの最前線で取り組んでいるNPOが問題として取り組んでいること、それが「社会からの要請」にほかなりません。CSRとは企業とNPOとの協働であり、NPOを企業の経営システムに関わらせてゆくことだと述べた意味はそういうことです。

他方、企業は今やＮＰＯと付き合うことによって、多くのメリットを得る時代となっています。リスク管理、モニタリング機能、ＢＯＰビジネスなどの新ビジネスへの対応効果等々をＮＰＯは企業に提供できます。さらに、ＮＰＯが指摘する社会的課題をビジネスのアプローチで取り組み解決していこうとする、ソーシャルビジネス／コミュニティビジネスという考え方も普及してきています。

さらに、ＮＰＯと協働していることは、企業が正しく行動していることの保証（モニタリング効果）を与えます。企業経営が社会や市場の変化によりもたらされる問題や課題の発生に対するリスク管理の役割を果たしてくれます。

とくにＮＰＯの企業への情報提供効果は大きなものがあります。ＮＰＯは社会のニーズの変化の最先端で活動しているため、ＮＰＯ情報は市場情報として、リスク管理情報として、未来予見情報として、大いに意味があります。つまり、ＮＰＯは企業に対して、より良い「デシジョン・メイキング（意思決定）」を行うための「デシジョン・ファインディング」の役割を果たしています。ＮＰＯは企業の人材育成にも大きな役割を果たすことができます。さらに、ＮＰＯとの協働は、世界の消費者へのＰＲ（広報）効果もありますし、企業のリスクをＮＰＯの国際ネットワークを通じて守ってくれることもあります。

ＮＰＯと企業の協働の仕組み

ＣＳＲの仕組みはＮＰＯたちによって構築されてきました。ＣＳＲ報告書の書き方や、ＣＳＲ活動の評価システムなどをつくってきたのはＮＰＯたちです（ＣＳＲ報告書の作成ガイドラインを作成しているＧＲＩ／グローバルレポーティング・イニシアチブはＮＰＯ・ＮＧＯです）。また、企業とＮＰＯとの協働の仕組みをつくっているのもNPOです。企業とNPOの協働の仕組みとしては、大きく次の八分野にわたります。詳細は弊著『NGO・NPOと「企業協働力」——CSR経営論の本質』（明石書店）を参照ください。

（一）経営中枢へのNPOの参画——NPOが経営中枢に参画すること、及び経営中枢がNPOと直接コンタクトを図る仕組みを構築すること。企業トップがNPOを含むラウンドテーブル（定例会議）などに参加したり、経営会議にNPO関係者を参加させる、社外アドバイザーにNPOの代表者を入れるなど。

（二）パートナーシップ・プログラムへの参加——NPOは企業と協働して取り組むべきプロジェクトを開発しています。企業はこれらにパートナーとして参加することによって、自社の改革へとつなげることができると共に、新しいビジネス・チャンスともなります。国際環境NPOのWWF（世界自然保護基金）のクライメートセイバーズ・プログラム、国境なき医師団等が設立したDNDiと呼ばれる開発途上国向けの必須医薬品の研究開発プログラム、等々がその事例です。

（三）「企業行動基準」への参加——NPOはマルチステークホルダーを巻き込んで、多くの企業行動基準（コード・オブ・コンダクト）をつくり上げています。企業はそれらに参加することによって、企業改革に取り組むと共に、自社の企業姿勢、CSR対応をNPOのネットワークを通じて、国内及び国際広報することができます。SA八〇〇〇、FLA（自由労働協会）、国連のグローバル・コンパクト、等々があります。

（四）認証制度への参加——NPOのイニシアチブによって今や多くの認証システムが開発されてい

ます。企業はこうした認証を受けることや認証製品を扱うことによって、自ら直接的にフィールドに関わることがなくとも、本業の中でCSR企業としての取り組みを容易に本格化できる仕組みとなっています。例えば、フェアトレード認証制度のFI、森林・木製品認証制度のFSC、漁業のMSC、パーム油のRSPO、ダイヤモンドのキンバリー・プロセス、等々があります。

（五）コーズリレーテッド・マーケティング（CRM）——自社商品・サービスの販売額に応じてその所定比率をNPOに寄付する、NPOとの協働マーケティングの形をとる仕組みです。企業にとっては収益（売上）拡大のためではあるとしても、自社の「マーケティング力」を社会課題解決のために、NPOに提供するものです。有名なケースではアメリカン・エクスプレスのニューヨークの自由の女神プロジェクト、最近ではボルヴィックのワンリッター・フォー・テンリッタープログラムなどが知られています。

（六）BOPビジネス／コミュニティビジネス——BOP（Base of economic Pyramid）は世界の貧困層を市場としてとらえ、新しいビジネス開発を試みようとする動きのことです。また、開発協力とビジネスの交点にできあがるのが、途上国のコミュニティビジネスで、途上国のコミュニティ開発を伴うビジネスです。その際、企業はNPOのもつ資源（ニーズ把握力、現地密着性、動員力等）を必要としており、その点で社会課題解決型ビジネスとなりうるし、企業とNPOの協働プロジェクトの一つとなりえています。

（七）「社会貢献」（企業寄付と従業員参加）——企業のNPOへの寄付は、従来から行われてきたものであり、CSR的観点からみると、社会課題解決のための寄付であることと共に、プロボノなど従業員を積極的に参画させるための仕組みがあるかどうかが鍵となります。従業員の活動こそ、まさに企業のコア（本業）といえるからです。

（八）ソーシャルビジネス（社会起業家）とソーシャルファイナンス――NPOがその活動の持続性と社会課題解決の促進を図ろうとする時、NPOはその社会課題解決を目指しビジネスに参入することがあります。それがソーシャルビジネスです。企業もそうしたソーシャルビジネスを起業させ、あるいは資金供給（ソーシャルファイナンス）のための協力をする仕組みです。

現在、世界の企業にとって、NPOとの協働関係の構築は非常に重要な経営戦略としてとらえられており、企業競争力の重要な構成要素となっています。一方、日本ではNPOセクターが非常に小さく弱いが故に、日本企業はNPOからの攻撃戦略を受ける可能性がほとんどなく、国際的水準からみると、いわば甘やかされてきているのです。これからの持続可能社会への対応力、SDGs（持続可能な開発目標）への企業の対応が問われる競争の時代において、そのことが日本企業の競争力の弱点となる事態が目の前に来ています。

その結果、一〇年後には、CSRへの対応力に大きな差がつき、日本企業の競争力はさらに一段と弱体化していることに気づくことになりかねません。その意味で、企業も日本のNPOセクターの充実・拡大を応援していく必要がある時代となっているといえるのです。

非常時（災害時）における企業とNPOの協働――三・一一後に起こったこと

三・一一以降、東日本大震災への取り組みを通して、NPOと企業が新しい協働を深化させてきたことについても触れておきましょう。東日本大震災に対して、日本企業の対応も大きなものがありました。

その対応は実はとくにＮＰＯとの協働によって行ってきたといってもいいほどです[12]。

三・一一後の企業の変化は、企業が特定のＮＰＯに直接的な寄付（自社製品・サービスの提供）をするケースがきわめて多くなったことです。現地で活動するＮＰＯは被災者のニーズの変化に対応しながら、必要物資を市場から購入して提供するのみならず、生産する企業に積極的に協力を求めたのもこの時の特色でした。こうしたＮＰＯからの要請に多くの企業が応えたのです。物品・サービスの提供をきっかけに、数多くのＮＰＯと企業との協働が生まれました。

その結果、企業とＮＰＯとの信頼関係が進み、物品提供を契機に、パートナーシップを組むＮＰＯに企業が直接寄付をするなどの形で資金を提供する活動へとつながっていきました。企業が被災地に自社の物品やサービスを提供したいと思っても、まずは、その物品・サービスが必要とされているのか、被災地のニーズを知る必要があり、さらに物品を個々の被災者に届けるシステム・手段が必要となります。その双方の役割で専門性を発揮したのがＮＰＯです。被災者に寄り添いニーズを聞き出し、ニーズの変化に対応して物品やサービスを届けるノウハウをもつＮＰＯは、企業や自治体（社会福祉協議会等）に比べて遥かにスムーズに現地で物資などを配付することができるからです。

これまで日本企業の災害への寄付は日本赤十字社への義援金寄付が中心で、他に中央共同募金会やＮＨＫ助け合いなど、名前の知られた募金団体向けがほとんどでした。日本企業のトップたちの間には何か災害があればまずは赤十字社への義援金の寄付による対応が共通認識としてあるようです。

しかし、三・一一後には、企業とＮＰＯとの協働が進展し、例えば国際緊急支援に取り組むＮＰＯが参加する「ジャパン・プラットフォーム」（ＪＰＦ）が企業の寄付先として登場してきました。ＪＰＦへの寄付金は、被災地に拠点をつくり支援・復興に取り組んでいるＮＰＯへ直接配付されることが、日本赤十字社経由の義援金との大きな違いです。これは日本企業のＣＳＲ（企業の社会的責任）への取り組み活動が経験を通じて変化しつつあると感じられる点といえます。

ＪＰＦは、日本の国際緊急支援体制を強化するために、政府（外務省）の肝入りで二〇〇〇年に設立された団体です。資金的には外務省の国際緊急支援予算の提供を中心に、日本経団連も若干資金協力をしています。そして緊急支援活動を行うＮＰＯが実行（活動）部隊として参加しており（現在四五団体が参加）、政府・企業・ＮＰＯの三セクターが協働する形で設立されています。

社員ボランティアのメリット

次いで、企業による震災支援としてとくに目立ったのが、社員ボランティアの派遣でした。社員自らが被災地にボランティアに行きたいという声や、自ら休暇をとる社員も多く出てきたことで、企業は次第にボランティア派遣制度や資金的支援の導入によって、社員の派遣を促すようになっていきました。そして、現地での受け入れ体制を整備する過程でも、企業はＮＰＯと協働するようになっていきました。さらに社員ボランティア派遣では、新入社員の研修で被災地で研修を行う企業もありました。その場合も、受け入れをＮＰＯに依頼し、ＮＰＯと協働して取り組んでいます。

社員ボランティアを派遣することは、企業にとっても大きな意義があります。ＣＳＲレポートで広報できる以外に、具体的には、以下の点があげられるでしょう。

①社員が逞しくなる。
②社員同士の連帯感が生まれる。

③グループワーク（チームワーク）の訓練となる。
④皆で一緒に達成感をもてる。
⑤愛社精神が向上する。
⑥会社としての一体感を確認できる。
⑦社会的課題を本業の中に取り込まねばならいＣＳＲ（企業の社会的責任）経営の時代において、社員の社会的感受性が向上する。
⑧現場ニーズをつかみ、効率的な作業を考え実行する訓練となる。
⑨本業での新事業への発想の幅が広がる。
⑩新規事業化へのアイディアの源泉となる。
⑪そして最も重要な点は、人の役に立てることの喜びを体験する。

こうした社員ボランティアの派遣を通して、ＮＰＯと付き合い、ＮＰＯと協働する、それによってＮＰＯの専門性と手法を認識するようになります。もちろん人間のやることですから、ＮＰＯ活動の未熟さを目撃した人も少なくないでしょうが、その基本的な真摯さや姿勢に触れた人はきっと多いに違いありません。ＮＰＯとの協働を通して、ＮＰＯへの偏見が取り去られていったことでしょう。日本企業とその社員自身が、大きく変革するかもしれないと期待したくなります。

復興へ向けてさまざまなビジョンが提示されています。復興とはまちづくり、産業づくり、インフラづくり、エネルギー政策、等々多くの側面があります。最も重要なことは、安定した生活の場づくりですが、そのためには住む場所と仕事の場（雇用）づくりです。生産の再開、そのための資金提供のあり方、等々総合的で包括的な視野が必要です。

被災地の人々のビジョンの一例として、「遠野まごころネット」（遠野市被災地支援ネットワーク）が作成した「遠野まごころネットのVision」などがあります。「遠野まごころネット」は岩手県沿岸部の被災者の方々を支援する遠野市民を中心として結成されたボランティア集団で、宿泊場所を設定して個人ボランティアの受け入れを積極的に進めるなど、岩手県では草の根レベルでの活動において中核的な役割を果たし、市民社会活動としての新たなる可能性を広げてきた団体です。

今回の災害を通して、多くの多様な協働プロジェクトが企業とNPOとの間で取り組まれてきました。また被災者が雇用される仕組みづくりについてもNPOとの協働が進展しました。例えば、フェアトレード・ビジネスモデルがこうした先進国の災害への対応においても有効であることが、ネパリ・パザーロ、パルシック、シャプラニールなどのフェアトレード団体の取り組みで立証されました。

三・一一を契機に起こった、こうした全国的なNPOセクターと政府・行政、そして企業とのダイナミックな協働の盛り上がりは、私たちの多くがこれらの経験を通して、社会との関わり方において大きく変わっていくことを示していると期待したくなります。

オランダモデルへ向けて、三者が信頼をベースに対等な関係で話し合い、合意を得、社会を運営していく時代へ向けて、歴史は着々とその実績を積みつつ、前進しているのです(13)。

しかし、これは社会の構造を変革する運動でもあるわけですから、きっと時間がかかることでしょう。しかし、未来への基調はこうした方向に向かっていると信じられます。

時間がかかるため、時には諦めの気持ちが沸き起こることがあるかもしれません。自分がこんなに一生懸命NPO活動をやっているのに、日本や日本人はちっとも変わらない、と放り出したくなる人もいるかもしれません。その時は、社会の構造を変えようと思っているのだから、そんなにすぐには変わらない、自分はその捨て石に過ぎないと思えば、燃え尽き症候群にならずにすむかもしれません。実は筆者もそんな風に自分を慰めています。

注

（1）「親密圏」は、稲垣久和『国家・個人・宗教――近現代日本の精神』（講談社現代新書、二〇〇七年）を参照。

（2）目加田説子『国境を超える市民社会ネットワーク』東洋経済新報社、二〇〇三年、目加田節子『行動する市民が世界を変えた――クラスター爆弾禁止運動とグローバルNGOパワー』毎日新聞、二〇〇九年

（3）例えばサッカーのワールドカップでのFIFAとNGOとの協働事例については、長坂寿久『NGO／NPOと「企業協働力」――CSR経営論の本質』明石書店、一四六～一六一頁など参照。

（4）NPO環境文明HP http://kanbun.air-nifty.com/bin/2013/09/2020-8a6a.html、環境goo http://eco.goo.ne.jp/news/ecotrend/ecotrend_20130909_733.htmlなど。

（5）NPO（NGO）と政府（国家）との協働事例については、長坂寿久『NGO発、「市民社会力」――新しい世界モデルへ』（明石書店、二〇〇七年）参照。

（6）前掲、目加田説子『国境を超える市民社会ネットワーク』参照。

（7）長坂寿久『NGO発、「市民社会力」――新しい世界モデルへ』「第X章　ODAとNGOの協働」参照。

（8）筆者の石巻への最初の訪問は震災翌月の四月二二日。この時、石巻でのNPOの取り組みやこの協議会の会議に出席させていただき、ここで起こっていることはまさに「石巻モデル」として呼ばれ推奨されるべきと感じ、メルマガ

の「ＣＳＲマガジン」に、『東日本大震災への取り組みとＮＧＯ――「石巻モデル」』として執筆（五月一六日掲載）した。協議会のサイトにもリンクされ（http://csr-magazine.com/2011/05/16/analysts-ishinomaki model-part1/）、「石巻モデル」と呼ばれるようになった。

石巻モデルについての解説としては、中原一歩著『奇跡の災害ボランティア「石巻モデル」』（朝日新書）、『石巻モデル徹底解説』（ソトコト、二〇一二年四月号）などがある。

なおこの石巻への訪問は、ＣＳＲコンサルタント会社のクレアンが企画した企業の方々の派遣の先遣隊に筆者も参加させていただいた時の見聞が最初のベースとなっている。記してクレアンに感謝する。

（9）企業とＮＰＯの協働の詳細については、長坂寿久『ＮＧＯ・ＮＰＯと「企業協働力」――ＣＳＲ経営論の本質』（明石書店、二〇一一年）参照。

（10）長坂寿久『企業フィランソロピーの時代』ジェトロ（日本貿易振興機構）、一九九一年

（11）前掲、長坂寿久『ＮＧＯ／ＮＰＯと「企業協働力」――ＣＳＲ経営論の本質』明石書店、二〇一一年

（12）東日本大震災への取り組みにおけるＮＰＯと企業の協働についての詳細は、長坂寿久『東日本大震災における救援と復興への取り組みＰａｒｔ２』としてその［前半］：「企業とＮＧＯの協働」と「進化する日本企業の対応」、及び［後半］：「企業とＮＧＯの協働」と「気仙沼・大島モデル」を参照（メルマガ「ＣＳＲマガジン」二〇一一年一〇月三〇日掲載）。

〔Ｐａｒｔ２（前半）〕は、http://csr-magazine.com/2011/10/31/analysts-part2-kesennuma1/

〔Ｐａｒｔ２（後半）〕は、http://csr-magazine.com/2011/10/31/analysts-part2-kesennuma2/

その他に、長坂寿久「提言その三　フェアトレードビジネスモデルとＢＯＰビジネス」国際貿易投資研究所『平成二六年度中小企業の参入を促すＢＯＰビジネスモデル調査報告書』一般財団法人国際貿易投資研究所、二〇一五年二月、及び『開発途上国のコミュニティビジネス開発と日本の対応報告書』国際貿易投資研究所、二〇一六年二月。

（13）オランダモデルのオランダにおける事例については、弊著『オランダモデル』（日本経済新聞）、『オランダを知るための60章』（明石書店）を参照。

第4章

リローカリゼーションの時代へ

地域循環型経済と暮らしへの道

世界はグローバリゼーションの時代からリローカリゼーション（地域回帰）の時代へ大きく転換しています。世界のNPO・NGOなど市民活動の動きをみていると、まさにその方向にあります。世界の市民たちは、もう一度自分たちの地域を見直す「地域回帰」の活動を大いに進めているのです。

第1節 〝リローカリゼーション（地域回帰）〟とは何か

日本的共同体とヨーロッパ的共同体

日本の共同体（コミュニティ）は、自然との共存によって形成されてきました。あるいは人間そのものを自然の一部として位置付け、自然と人間との一体的な関係をつくることを基層において形成されてきました。しかしそれらは、近代になって、とくに戦後の急激な工業化と市場経済化の中で破壊され、ほとんど一掃されてきたといっていいでしょう。(1)

第1章冒頭で触れましたが、自然を人間との関係性としてとらえる〝諦観〟は、自然との前向きな共存の方向性を私たちに指し示しています。従って、私たちは災害に翻弄され苦しめられながらも、耐える力、克服する力をもち得ていると信じることができます。

三・一一の地震、津波など、こうした巨大な破壊力を前にした時、それは私たちが失い、置き去りにしてきた隣人との絆、互助精神を基盤とするかつての共同体を取り戻す価値観に対してもう一度覚醒する必要があることを私たちに気づかせてくれます。

地球的な気候変動は歴史的な気候の変化を私たちの日常生活にもたらし、台風、河川の氾濫、土砂崩れ等々、今までめったになかったことが通常のこととなってきています。近代化し、工業化し、ＩＴ化しても、私たちは依然として自然の力と直面しながら生きていく状況の中にあります。自然を克服などしてはいないのです。誰もがガイア（地球・母なる大地／生態系）の最前線に包まれて生きています。自然と共存して生きる日本的共同体を求め直す、新しい日本人に変容する力を私たちは、毅然として獲得していかねばなりません。

しかし、原子力発電所の被災による人間疎外と自然汚染という事態に対しては、どのような力を獲得し、対処できるというのでしょうか。三・一一以降、五年以上たった今も、眼前で起こっている事実がＳＦ映画の場面ではないということに慄然とします。この原発災害は、私たちの社会が傲慢にも選択してきたもの、自然とのつながりを断ち切った、過剰な贅沢の享受の結果であり、私たち自身が起こした〝人災〟なのです。

この人災の体験を経験へと変換して日本再建の力に資するには、先祖が獲得してきた人間性としての諦観、自然との結びつきによる関係性の構築という智恵を取り戻さねばなりません。しかし、それだけでは不足であることは明らかです。これは人間が起こした人災なのです。人災は人間によってコントロール（統治）できるし、されねばなりません。つまり、人間社会の統治・自治のあり方としての市民社会力、すなわち「公共性」への認識を獲得することが不可欠なのです。

ヨーロッパ的共同体とは、各個人が社会性を自覚することによって生まれる「市民社会力」を基盤とした、自治能力をもった共同体を指します。言葉を換えれば、第2章で述べてきたように、「公益」（政府益・国家益）や「私益」（企業益）に優先する「公共益」（人類益・地球益・地域益）というものの価値を自覚する以外に道はないのです。

それは、新しい日本のビジョンには、失ってきた日本の伝統的共同体と、依然未獲得であるといえるヨーロッパ的共同体の双方の特性を統合した、新しい共同体の形成が必要であることを意味します。それによってこそ、日本の再生は可能となり、また日本の市民が公共圏を回復することによって、普通の国になることは、世界的な意味をもつものになるでしょう。

リローカリゼーションの時代へ

三・一一の自然災害や原発災害や、二〇一六年の熊本地震をはじめとする多くの災害を通して、私たち日本人はどのように変革しうるのかということを、敢えて期待を込めて考えていきたいと思います。同時に、「日本」もしくは「日本人」という限定的なとらえ方を打ち破る視点を忘れてはならないでしょう。日本列島における自然災害と人災は、宇宙船地球号で起こっている体験であり、そのような枠組みでとらえなければなりません。ドイツをはじめとして多くの国々は、五年以上前の原発事故を、地球全体の問題としてとらえています。私たちは、この災害とその惨禍に対して、世界の各地域（共同体）の人々と結び合い、問題を共有していく必要があります。日本だけの「おらが村」意識でとらえてはならないのです。

これからの新しい世界・地球を創造していく発想のキーワードは、これまで読んでいただいたように、「公共性」「オランダモデル」、そして「リローカリゼーション（地域回帰）」だと私は考えています。これは日本のみならず、二一世紀の世界にとっても同様の意味を有しているはずです。

これまで私たちは、グローバリゼーションへと向かうことが経済的豊かさへの必須の道であり、経済的豊かさが幸福のすべてであるかのような思考の枠組みにいつのまにか組み入れられてしまっていました。しかし、とくに経済のグローバリゼーションがもたらした負の側面があまりにも深刻であることは、今や明らかです。それを克服していくには、今後は逆に、もう一度〝地域〟へ向かって考える、「リローカリゼーション」への志向を限りなく積極的に取り入れた発想をもって取り組む必要があると思います。

経済のグローバリゼーションこそ幸せへの道だと考えられた時代は終焉を迎えました。もちろん、私たちは今後ともグローバル化した世界で生きていくことはいうまでもありません。しかし、「グローバリゼーション」への発想さえすればよかった時代は去ったのです。

私たちは、自分が生きる「国」の益だけを考える時代から、貧困や地球環境問題などを考えうるようになりました。そういう点で精神（心）のグローバリゼーションを獲得するようになり、同時に情報のグローバリゼーションを獲得して、世界の市民社会が国境を超えて連携（トランスナショナル市民社会／T

CS＝Transnational Civil Society）できるようになりました。そうした意味で、リローカリゼーションへの道は、単なる反グローバリゼーション論を語っているわけではないのです。

前述のように、グローバリゼーションのすべてに問題があるわけではありません。しかし、とくに「経済」のグローバリゼーションがもたらした格差拡大・貧困と地球環境問題という世界的・地球的問題については誰もが、何とかしなければならないという認識をもっていることでしょう。私たちは、持続可能でかつ平等なすべての人に人権が認められる〝私たちが生きたい社会〟をつくりあげるために、再び新しい「共同体」（コミュニティ）を取り戻す必要があるのです。

つまり、グローバリゼーションではなく、再び（リ）地域へ向かって（ローカリゼーション）発想を転換する思考を取り戻す必要があるということです。「リローカリゼーション」は、日本語には『地域回帰』という意味をあてたいと思います。

グローバリゼーションという言葉も日本語としてすっかり馴染みが出ているので、リローカリゼーションも馴染みのある言葉になっていくかもしれません。地域回帰、リローカル化、再地域化、共同体／コミュニティの復活、村の再生といった言葉でもよいと思います。

リローカリゼーション（地域回帰）の二つの方向

リローカリゼーションには二つの方向があると考えられます。一つは地域回帰、「地域」の再生です。経済のグローバリゼーションによって破壊されてしまった「共同体／コミュニティ／農村」の新しいつくり直しです。共同体の中に「互助精神」とその仕組み（システム）を復活すること、新しい「公共圏」を地域からつくっていくことです。地域のことは地域の人々が決めていく、みんなの幸福や尊厳については、みんなで関わっていく、そうした地域をつくっていく運動としての方向です。

もう一つは、地球の再生へ向かう方向です。リローカリゼーションによってグローバリゼーションの弊害を抑制し、地域（ローカル）のネットワーク（提携）、つまりローカル・ツー・ローカルの国際的な（国内間でも）結びつきによって、地球を、環境と人間性（人権）を、新しくつくり直していく運動としての方向です。

自分の「村」のことだけを考える、自分のムラさえよければいいという、かつての「おらが村」ではなく、世界の他の村（他者）と連携した、開かれ、つながる「新しいおらが村」です。地域において地域の危機について話し合い、危機を分かち合うことから生まれる英智によってお互いの助け合いと結び合いが生まれ、人間同士の〝お互いさま〟が生まれ、相互扶助の気持ちが復活し、互助精神が定着していきます。それは地域に新しい「公共圏」が生まれることを意味し、それが国際的なネットワークで結ばれることによって、地域と世界の問題が解決されていくのです。

そこに住み生活している人々の智恵の輪で助け合う輪が生まれ、「公共福祉」社会へと向かっていく。それがリローカリゼーションへの思考転換です。

これまで「市民」という言葉を使ってきました。なぜ「国民」ではないのでしょう。和英辞典で「国民」と引くと、a people、a citizen、a national、あるいは集合体として nation と出てきます。日本語で書けば、人民、市民、国民でしょう。グローバル市民（global citizen）という言葉はありますが、グローバル国民という言葉はありません。

「国民」という言葉は私たちの発想を日本だけの中に留めてしまいがちとなります。グローバリゼーションも日本のグローバル化としてのみ発想しがちで、「他者」を認識した相互関係としての世界のグローバル化への発想を閉じ込めてしまいかねません。日本の私たちは、本当のグローバル化を達成するためにも、「国民」という言葉の呪縛から脱け出し、「市民」という言葉を獲得しなければならないのだと思います。

「市民」という言葉は、そこに住む「住民」が自分が住むコミュニティと関わり、より良いコミュニティをづくりに参加する意義を認識すると「市民」に替わります。「国民」が世界とつながる自分を認識する時「市民」に替わります。これはもちろん、住民・国民であることを大切にすると、自ずから市民になっていくことを意味します。

第2節　世界に広がるリローカリゼーション運動

くり返しになりますが、リローカリゼーション（地域回帰）とは、自分たちが生活する「村」（タウン）に相互扶助精神とその仕組みのあるコミュニティ（共同体）を復活させていこうとする活動です。その目指すものの中で最も重要な具体的目標の一つは、グローバル化した経済を地域循環型経済へ転換することです。これをトランジションタウン（後述します）の運動では、「リエコノミー／レコノミー（REconomy）」（経済の再構成）といっています。こうした新しい「村」のあり方を求めるさまざまな活動、つまり「リローカリゼーション運動」が、世界のＮＧＯ活動として盛り上がってきているのです。

世界中のあらゆるコミュニティで自分たちが住む地域をより良くしていこうと、実に多くの人々が市民活動に参加しています。ここで取り上げるのは、「世界とつながる」運動としての地域活動です。「世界とつながる」という視野がとくに重要なのは、前述のとおりです。新しい地域運動は、世界の「他者」を巻き込んだ、世界の「他者」とつながった、「他者」と共にコミュニティをより良くしていくという感覚をもつことが前提とならねばなりません。

リローカリゼーションとして、国際的な視野で、あるいは「他者」とつながるという視野を組み込んで取り組んでいると考えられる主な活動をあげると、グローバル・エコビレッジ、フェアトレードタウン、トランジションタウン、スローシティ、エディブルシティ（有機農業）、パーマカルチャー、バイオダイナミック農業、スローライフ／スローフード／ロハス、協同組合運動、ラダック・プロジェクトとISEC（エコロジーと文化のための国際協会）、コミュニティガーデン、コミュニティレストラン、食べられる学校、等々があります。これらについて少し説明しておきましょう。

(1) グローバル・エコビレッジ

「エコビレッジ」とは、「都会でもあるいは田舎でも、お互いが支え合う社会づくりと環境に負荷の少ない暮らしを追い求める人々がつくるコミュニティのこと」（エコビレッジ・ネットワークのHPから）で、マネーベースからライフベースへ、生命システムを基盤とする価値観のライフスタイルによる地域社会づくりを進める運動です。デンマークの「ガイア・トラスト」（一九九〇年設立）設立者のロス＆ヒルダー・ジャクソン夫妻が、九一年に「ラダック・プロジェクト」のヘレナ・ノーバーグ＝ホッジ（後述）らと集まってコンセプトをつくりました。

社会性、環境性、文化・精神性の三つの側面から「あらゆるエコロジーデザインを取り入れ、パーマカルチャー、環境にやさしい建築、植物の栽培や自然エネルギー、コミュニティ形成の訓練等多岐にわたる」総合的な取り組みを行っています。

一九九九年に、エコビレッジは国連の選ぶ持続可能なライフスタイルのすばらしいモデルとして「最もよい実践例の一〇〇リスト」の一つとして掲載されています。また、エコビレッジのネットワーク組織として「グローバル・エコビレッジ・ネットワーク（GEN）」が設立されています。「人々やコミュニティが出会い、お互いのアイディアを共有し、技術を交換し、人々のネットワーキングやニュースレターを通じて、実践している場所についての情報交換を含め、文化的で教育的なやりとりを広げる世界的なつながりを形成している」としています。

エコビレッジの実践例としては、英スコットランドのフィンドホーン、インドのオーロビルなども有名ですが、日本には、木の花ファミリー（静岡県）、かんかん森（東京都）、鴨川（千葉県）、アズワンコミュニティ（三重県）、一〇〇年コミュニティ（那須町）、共働学舎（北海道）、メノビレッジ（北海道）などがあります。

（2）フェアトレードタウン

二〇〇〇年に英国で始まったフェアトレードの推進を自治体が宣言するフェアトレードタウン運動は、またたく間に英国内から欧州、そして世界に広まり、今では開発途上国にも波及しています。二〇一六年八月時点では、世界二八カ国、一八三〇以上のタウンが認定されています。

フェアトレードは開発途上国の農家や零細生産者の自立を支援する開発協力運動です。フェアトレードには国際的な基準があり、国際的団体・機関としては、ＷＦＴＯ（世界フェアトレード機関）、国際フェアトレード認証制度（ＦＩ）などがあります。ＷＦＴＯに加盟している団体の商品、あるいはＦＩの認証商品を扱えばフェアトレード商品を扱っていることになりますが、これ以外に両組織には属していないが、自らフェアトレード理念（基準）に沿って運営している団体も多くあります。

フェアトレードは国内の産直・地産地消運動と理念を共有する「国際産直」運動であり、同時にコミュニティ開発が組み込まれたビジネスモデルです。私たちが住む先進国のコミュニティにも、環境、高齢者、医療、教育、貧困など多くの問題があります。開発途上国のコミュニティと、先進国のコミュニティとがつながり合ってお互いのコミュニティをより良くしていこうとするのがフェアトレードタウン運動です。

フェアトレードタウンは国際的な運動であり、達成すべき基準があります（日本は六基準）。タウンの認定は各国のネットワーク組織（日本は「日本フェアトレードフォーラム」）が行うことになっています。

日本では二〇一一年に熊本市が、一五年に名古屋市が、一六年には逗子市が認定されています（「あとがきにかえて」を参照）。

（３）トランジションタウン

石油依存社会から脱却し、自然エネルギーで成り立つコミュニティの形成を進める運動です。トランジション（移行）とは、「過度に石油などの化石燃料に依存した社会経済システム」から「自然との共生を前提とした持続可能な社会経済システム」への移行を意味します。その理由は、ピークオイルと気候変動です。

現在石油価格は、米国を中心とするオイルサンドの開発やＯＰＥＣ（石油輸出国機構）による減産合意がないことなどにより低迷しています。しかし、長期的には一〇〇年前に始まり、石油依存社会をつくり上げた石油資源の発見が限界にきており、今後一〇〇年をかけて地球史でも特異かつ異常な石油依存社会が終わろうとしており、そのため今からそれに対応できる社会へ、「市民の創意と工夫、及び地域の資源を最大限に活用しながら脱石油型社会へ移行していくため」（HPより）の市民活動です。

現在は消費に対応する石油生産はすでにピークに達している状態（ピークオイル）です。つまり、石油依存社会の終焉はすぐ来るわけではありませんが、今のうちに対応を始めていく必要があることが明確です。石油依存社会から脱し、自然との付き合いを通じた新しい地域の創生運動がトランジション運動です。

パーマカルチャーや自然建築の講師をしていた英国人のロブ・ホプキンスが、二〇〇五年秋、英国南部デボン州の小さな町トットネスで立ち上げて三年足らずの間に英国全土から、欧州各国、北南米、オセアニア、日本へと、この運動は世界中に広がっていきました。

トットネスに本部のある「トランジション・ネットワーク」が、世界各地に広がるトランジション運動をサポートし、互いの連携を図りながら、そこで生まれる知恵を共有していく役割を担っています。日本でも、トランジション・ネットワークは〇八年に設立されており、すでに全国四七カ所程（一六年九月時点）で運動が立ち上がっています。代表的なものでは、藤野町（山梨県）、浜松市（静岡県）、鎌倉市（神奈川県）、葉山町（神奈川県）、小金井市（東京都）、国立市（東京都）などで活動が展開されています。

フェアトレードタウンは認定されるためには六つの基準をクリアする必要があり、その一つに議会でのフェアトレード支持決議と首長の支持宣言が必要で、その点では、日本ではとくに厳しい感がありますが、トランジションタウンは日本の場合は三人（欧州では四～五人）以上が集まって運動を展開していくと決意し、活動を始めれば国際的な活動として登録可能という形となっています。日本でフェアトレードタウンがまだ少なく、トランジションタウンが多いのはその理由によるといえます。

(4) スローフード/スローシティ

スローフードは、「社会構造のファスト化、ファストフードの席巻、地域の郷土料理の消滅、人々の食品に対する興味の減退を危惧し、食べ物がどこから来て、どういう味で、私たちの食べ物の選択がどのように世界に影響を与えるのかについて、より多くの人々が気づき、食を通じて自分たちの幸せな未来を共に築いていくことを目的」として、一九八六年にイタリアから始まり、八九年に国際スローフード協会設立と共に、「スローフード宣言」を採択し、国際運動となっていきました。

その後、スローフード運動をベースに、九八年にまちづくり版のスロームーブメントとして、スローシティ（チッタ・スロー）運動が始まっていきました。地域の文化や伝統産業の推進、持続可能性の重視などを踏まえ、住民が主体となってまちづくりに参画していくことを謳っています。世界各国の小都市をネットワーク化した「チッタ・スロー協会」を組織しています。参加条件は、人口五万人以下の都市であること、州都（首都）でないこと、スローフード運動への加盟都市であることなど、六項目の基準（五五の小項目）の指標をクリアすることとなっています。環境政策（代替エネルギーへの助成など）、社会資本政策（緑地整備など）、生活の質（歴史的美観の保持など）、地産作物の推奨（食育プランなど）、ホスピタリティ（多言語標識の整備など）、住民意識の向上（啓蒙プログラムなど）です。

日本では、スローフード運動は二〇〇〇年頃から紹介が始まり、〇四年に「スローフード・ジャパン」が設立され、現在全国で四七支部、一〇〇〇人を超える協会会員がいるとのことです。このスローフード運動は日本ではさらにスローライフという考え方を生みました。スローシティには、日本では気仙沼市（一三年）が入っています。

（5）有機農業

有機農業は無農薬または低農薬農法により、自然環境や生態系と調和した形での農業経営を目指す農法です。日本では有機農業は長い間政府の規制対象でしたが、二〇〇〇年に有機ＪＡＳの認証制度が導入され、〇六年に「有機農業の推進に関する法律」、翌〇七年に「有機農業の推進に関する基本的な方針」が策定され政府による推進対象へと転換しました。そのため現在では有機農業を行う農家も増えてきています。

日本の有機農業運動の先駆けは一九七一年設立の「日本有機農業研究会」です。協同組合精神に則った生産者と消費者の直接的な『提携』を強固に前提とした運動として進められ、やがてこれは「ＴＥＩＫＥＩ」（提携）運動として世界に伝播し、さらにＣＳＡ（コミュニティ支援農業／Community Supported Agriculture）として結実していきました。

しかし、都市化や流通網（宅配便等）の進展によって、消費者が生産者（農家）の仕事を手伝う形での提携を前提とする「提携」運動は苦戦を強いられており、消費者が生産者とは直接結び合うことを求めない大地の会や生活クラブなどの、流通・配給業者経由方式が近年では普及してきています（詳細は以下の第3節2「食のリローカル化」参照）。

日本では小川町（埼玉県）が有名ですが、福島県有機農業ネットワーク、北海道有機農業協同組合、鹿児島県有機農業協会など、各地でネットワークを組んで展開されています。

（6）パーマカルチャー

有機農業を基本として持続可能な地域全体のデザインをする運動です。パーマネント（永久）とアグリカルチャー（農業）の造語で、カルチャー（文化）の意味も含まれています。一九七〇年代にオーストラリアのビル・モリソンとデビッド・ホルムグレンによって体系化された実践的学問で、人間にとっての恒久的持続可能な環境をつくり出すためのデザイン体系として構築されています。

パーマカルチャーは、「伝統的な農業の知恵を学び、現代の科学的・技術的な知識をも組み合わせて、通常の自然よりも高い生産性をもった『耕された生態系』（cultivated ecology）をつくり出すと共に、人間の精神や、社会構造をも包括した『永続する文化』をかたちづくる手法」とパーマカルチャー・センター・ジャパンのＨＰに書かれています。

パーマカルチャーは限りなく自給自足、自立を目指す活動ですが、単なる食糧の自給に留まらず、都市生活においても適用されるという考え方をもっています。なぜならパーマカルチャーとは自分の生活、地域、環境全体に関わる生き方・暮らし方でもあるからです。パーマカルチャーは「植物や動物だけでなく、建物、水、エネルギー、コミュニティなど、生活すべてをデザインの対象」にしています。オーストラリアでは学校教育にも取り入れられています。

日本には、九六年にパーマカルチャー・センター・ジャパン（ＰＣＣＪ）（藤野町・神奈川県）が設立されている他、パーマカルチャー北海道、自然農園ウレシパモシリ（岩手県）、安曇野パーマカルチャー（長野県）などがセンター的役割を担っています。

（7）バイオダイナミック

バイオダイナミック農法は有機農業をさらに徹底させた形のもので、ルドルフ・シュタイナー（一八六一～一九二五）が一九二四年に発表しました。「太陽、月、惑星と地球の位置関係が土壌や生命体の成分及び気象等に与える影響を重視して、種まき、苗植え、耕うん、調剤の準備や施肥、収穫などの時期を天体の動きにあわせて選択」（ウィキペディア）するというものです。人為的な化学物質は一切使用しないかわりに、土壌バランスや植物を健康に保ちつつ効果的な収穫をあげるためのサプリメントあるいはコンディショナーとして、天然のハーブや鉱物、家畜を利用してつくった各種調合剤を施します。

日本にバイオダイナミック農法が導入されたのは一九八四年で、その後二〇〇九年に「日本バイオダイナミック協会」が設立されています。日本ではまだあまり普及していませんが、欧州やオーストラリアなどではかなり知られるものとなっています。オーストラリアでファーマーズマーケットに行くとこの手法で栽培された野菜などが必ず売られています。

（8）協同組合運動

今から約一六〇年前の産業革命の真っ只中、英国ロッチデールの労働者たちは、失業、低賃金、高い物価、悪徳商人たちに苦しめられていました。そこで一八四四年、二八人の労働者が安心して利用できる自分たちの店をつくりました。これが協同組合の始まりです。現在、国際協同組合同盟（ＩＣＡ）に加盟する協同組合員は、世界九三カ国、七億三〇〇〇万人を超えるとのことです。

日本では一八七九（明治一二）年にはじめて設立され、一九〇〇年に制定された産業組合法のもとに購買組合として広がっていき、現在日本の組合員は二〇〇〇万人以上とのことです。日本では賀川豊彦が協同組合の設立に尽力したことで知られています。この協同組合運動も、リローカリゼーション運動の一つとして、これからの新しい時代を推進する新しい地域運動への役割を担いつつあるように思われます。

(9)「ラダック・プロジェクト」とＩＳＥＣ

リローカリゼーション運動のリーダーとして国際的に知られている一人に、ヘレナ・ノーバーグ＝ホッジ（Helena Norberg-Hodge）がいます。彼女が一九九一年に書いた『ラダック懐かしい未来』（*ANCIENT FUTURES*）[2]は、近代化と開発というグローバリゼーションによって破壊されていくヒマラヤの辺境ラダックの環境と地域社会の崩壊を描き、環境と地域社会の未来を説いた啓蒙書で、世界四〇カ国以上で翻訳されています。

彼女は現在もなお「ラダック・プロジェクト」として、ラダックの紹介とそれが象徴する地球的課題への取り組みを行っており、「エコロジーと文化のための国際協会（ＩＳＥＣ）」を設立、「ローカリゼーション」運動の旗手の一人として活動を続けています。

(10)エディブル・シティ（都市を耕す）

アメリカでは「食の砂漠化」（生鮮食料品店へのアクセスが困難な低所得者層が増えていること）や、「食料主権」「食の正義」という考え方が広がっています。具体的には、学校で子どもたちに食べ物の育て方や食べ方の教育を行うプログラムの「エディブル教育」（栽培から食卓まで全体をいのちの教育として位置付ける食育）、「食こそ人々の力で変えられる」と都会の真ん中でコミュニティ農園を運営する運動（時には広い歩道のレンガを剥がして農園にしてしまうなども）が、経済格差の広がる社会状況を背景に、新鮮で安全な食を入手するのが困難な都市で、市民自らが健康で栄養価の高い食べ物を手に入れるシステムを取り戻そうと、都会生活に食と農のつながりを取り戻すさまざまな活動が生まれています。

この運動については、『都市を耕す　エディブル・シティ』（アンドリュー・ハッセ監督、米、二〇一四年）という、サンフランシスコ、バークレー、オークランドの三都市での活動を描いたドキュメンタリー映画が制作され、各地で自主上映会が行われています。

(11) その他の国際的なコミュニティ活動

地域のあらゆる市民活動は地域づくり活動といえますが、国際的な視野で目立つ動きとしては、コミュニティガーデン（国有地・自治体所有地のガーデニングなど）、コミュニティレストラン、食べられる学校、空き地の菜園化、等々があげられます。今では女性、障がい者、買物難民、商店街との共存等の課題に取り組む市民団体が数多く存在しています。日本では、塩見直紀の「半農半X」もそうした運動の一つといえるでしょう。

現在のリローカリゼーションの思想的・実践的リーダーとして、上記のヘレナ・ノーバーグ＝ホッジ以外には、ロブ・ホプキンス（Rob Hopkins）、ポール・エキンズ（Paul Ekins）、カークパトリック・セール（Kirkpatrick Sale）、バンダナ・シヴァ（Vandana Shiva）、ジェームス・ハワード・カンスラー（James Howard Kunstler）などが知られています。

第3節　経済のリローカリゼーションは何をもたらすか

経済のリローカリゼーション（リローカル化経済）とは具体的にどういうことなのか。エネルギー、環境、食、衣、金融、通貨、住居・建築、交通、福祉などのさまざまな側面の中から、主な六点について少し説明しましょう。

1. エネルギーのリローカル化
2. 食のリローカル化
3. 交通のリローカル化
4. 建築・都市計画のリローカル化
5. 金融のリローカル化
6. 通貨のリローカル化

1. エネルギーのリローカル化――エネルギーの地産地消へ

グローバリゼーション経済における電力エネルギーは、大容量の巨大発電所を建設し、石油などの化石燃料やウラニウムを燃やし、二酸化炭素の排出や放射線汚染の恐れを経済成長の夢と安全神話によって封印し、電力が途中で多く喪失することを承知で遠方まで送配電する不効率な集中大型発電システムを前提としています。実は現在の大型発電所を基盤とする電力系統は、まさに時代遅れのシステムなのです。

これに対し、エネルギーの「リローカル化」とは、〝エネルギーの地産地消〟を進めること、すなわちエネルギーを「地域」(コミュニティ)に取り戻すことです。その鍵は、エネルギーの効率化(省エネ)と共に、自然エネルギーの推進と、小規模分散型発電による「コジェネレーション」(熱電併給)システムにすること。エネルギーを使う場所で発電し、電力と共に熱源に利用するという方式です。そしてもう一つは、スマートグリッドの導入によりエココミュニティ(シティ)をつくり上げることにあります。[3]

もう少し詳しく説明しましょう。第一に、エネルギーの効率化(省エネ)について、エネルギー問題を需要側からみることの重要性はますます大きくなっています。

一つにはLED照明等電化製品の省エネ、高性能断熱住宅から電気自動車や燃料電池車などの運輸部門での改善、都市の緑化、カーシェアリング、エコドライブ等々、人々の生活スタイルの変化まで幅広く及びつつあります。二つは経済活動水準からみた総需要電力の減少です。基本的にはこれまでの予測で前提とされている以上の経済成長率の低水準化、輸出の減少・製造業の海外移転による国内生産の減少による電力需要の減少、それに人口減少などです。エネルギー効率化は世界的に急速に進展しており、世界のエネルギー見通しを検討する際にもこの新しい構造変化を前提とする必要のある時代となっています。

第二は、小型分散型発電、つまり熱電併給(コジェネレーション)型発電への転換です。電力を使うところに限りなく近いところで小型の分散型発電所をつくり、電力と熱源を両用することです。これによって小型発電所が中心となり、コミュニティ・エネルギーシステムの構築を目指すものとなります。送電ロスもほとんどなくなり、同時に発電による発熱をロスすることなく熱源としても活用でき、それにより大幅な電力需要の削減となります。

第三は、風力、太陽光、太陽熱、バイオマス、地熱、潮汐力、小水力などの自然エネルギーです。中でも太陽光発電、風力発電が急速に伸びています。自然エネルギーの利用のメリットは、二酸化炭素などの地球温暖化ガスを排出しないのみならず、将来的には原料代金が只となるため電力コストが低下していく可能性があることです。また同時に自然エネルギーによる小型分散型発電により、電力をもたない世界の二二億人の人々への電力の提供の可能性を開くことにつながります。

スマートグリッドがつくるエココミュニティ

第四は、スマートグリッド（次世代送電網）です。天候や時間によって発電量の変わる太陽光や風力などの自然エネルギーを蓄電池や電気自動車と組み合わせて安定的に使う新しい送電網システムです。また、消費者側が電気料金や発電所を選択できる社会システムを構築することも意味します。スマートグリッドによって、自然エネルギーによる地域分散型の発電システムが導入でき、「地域」に自然エネルギーによる安定的な電力供給が可能となる地域のスマート化、つまり「エネルギーのリローカル化」が可能となるのです。

自然エネルギーは発電量が安定的でないことが不安視されてきました。これを調整する技術が蓄電池とスマートメーターです。これは現在の電気料金請求用の固定メーターではなく、電気消費動向を電力会社がリアルタイムで把握できる新しいメーターで、これによってピーク時の電気代を通常より高く、そうでない時には低くするなどの対応が可能となり、ユーザー側も電力使用をより安い時間帯のものを選択できます。

この場合必要となるのは、発電と送電の分離です。日本では発電と送電の両方を一社が独占するという「電力会社の地域独占体制」がとられており、これが一九九〇年代に日本でもとられてきた電力の自由化を実質無効化させ、太陽光や風力などの自然エネルギーの導入を妨げてきました。これを見直し、分離を行うことが必要となります。

こうした一連の措置によってエネルギーシフトが起こり、二酸化炭素など地球温暖化ガスの排出を抑制し、人類の生存に大きな危険性を及ぼしかねない核エネルギーを廃止していくことができます。

原子力発電は安全といわれてきましたが、東京電力福島原子力発電所事故で安全神話は壊れました。同時に原発はコストが安いといわれてきましたが、実際は実に高いことが明らかにもなっています。それは多くの省庁に分散して組み込まれている原子力発電推進のための補助金を含めるとすでにきわめて高いものになることや、さらに放射性廃棄物の処理や使用済み核燃料を再利用する核燃料サイクルなど、発電後にかかるコストを含めればさらに超高コストなものになることが指摘されています（立命館大学大島堅一教授ら）。

『一〇〇〇〇〇年後の安全』（マイケル・マドセン監督、二〇〇九年）というドキュメンタリー映画があります。一〇万年もの耐久性がある放射性廃棄物の処理場をどうするのか。一〇万年間、この核廃棄物をどうやって安全に守るのか。それは可能なのか。人類が農耕を始めたのは一万年前に過ぎませんが、一〇万年後の世界・地球・人類はどうなっているのかを問いかける実に哲学的な映画でした。人類にとって一〇万年もの単位でリスクやコストを考えることはそもそもその歴史がないのだから不可能です。もちろん現在の原子力発電コストやリスクの中にはこの思考は全く考慮されていません。

二〇一五年に政府が発表した日本の二〇三〇年のエネルギーミックスは、原発が二〇～二二%、自然エネルギーは二二～二四%となっており、三〇年になっても、依然原発に多くを依存する形となっているきわめていびつなものになっています。

二〇一三年九月から一五年八月までの二年間、日本の原発は一基も動いていない状況が続きました。原発がなくても、電気は足りており、大規模な停電も起こりませんでした。その間既存の火力発電の出番が増えたことは確かですが、温室効果ガスの排出量は二〇一三年度から一四年度には減少しています。原発稼働ゼロでも大丈夫だった要因は、前述のように、一つは省エネルギー化の加速を中心とする日本全体の電力消費量の低下で、一〇年度の一〇四五億キロワット時から、一四年度には九六一億キロワット時まで減少していることがあります。この減少分の八四億キロワット時は、なんと原発一六基分の発電量に相当するとのことです。また、原発が停止し、火力発電が増えたことによって、気候変動の要因となる二酸化炭素などの温室効果ガスの排出量が増えることも指摘されていましたが、一四年度は前年度よりも減少したと報告されています。

もう一つの要因は、自然エネルギーの急成長です。二〇一二年の固定価格買取制度の導入によって、とくに太陽光発電への投資が急拡大してきています。但し、風力発電、地熱発電など他の自然エネルギーは伸び悩んでいます。固定買取価格制度の見直しが理由です。一六年四月から電力自由化が始まりましたが、原発発電でなく、自然エネルギーを供給する、クリーンな電力会社を選ぶことは依然難しい状況にあります。

電力会社からの配給電線を切ってしまうオフグリッドをしても、自然エネルギーによる自家発電や蓄電池の使用で十分やっていける事例も次第に報告され始めています。

2．食のリローカル化――有機農業とファーマーズマーケット

食のリローカル化とは、国際的には「ローカルフード運動」としてとらえられています。ローカルフード（Local Food）は、日本語では「地産地消」と訳されることが多いようです。ローカルフード運動の方法論としての中核は、有機（オーガニック）農法とファーマーズマーケットです。

有機農業の展開

有機農業とは、化学的な農薬や肥料、遺伝子組み換え技術を使わない農業のことですが、別のいい方をすれば、①地域の資源を生かす農業、②地域の環境を育てる農業、③市民が参加でき、みんなで楽しめる農業、とも定義できます。

有機農業は特殊な農業ではありません。化学肥料が本格化するほんの少し前まで、あるいは六〇年代に政府の農業政策が化学肥料を中心とする大型農業の追求を始めるまでは、私たちの農業は人間の排泄物も有効に使った有機農業でした。

しかし、日本の農業政策においては、つい最近二〇〇六年に「有機農業の推進に関する法律」（以下、有機農業推進法）ができるまで、それは推進できない、特殊で異端の農業とされ続けるという、実に不思議な状況が続いていました。

かつて食と農は一体的なものでした。有機農業の理念はさまざまに表現されています。まずは「身土《しんど》

不二《ふじ》」「食農同源」「一物全体食」など、有機農産物は身体によいということから知られていきました。その後、「地域自給農業」「自然共生型農業」「地産地消」（地域生産・地域消費）、「産直」など地域との一体性が強調されるようになり、現在ではこれらが有機農業の理念と一体化しています。

有機農業は、基本的には土地や作物・家畜のもつ自然的生産力に依存し、それを安定的かつ高度に発揮させようとする農業方式です。自然の生産力を追求し活用するもので、環境の浄化と生態系の形成をもたらします。そこでは、「農耕は人為の過程というよりも、自然の生産過程への人の能動的な介在」としてあろうとしてきました。従って、有機農業技術においてとくに重視されるのは、いのちの連鎖を基本にすえた有機農業的生態系の形成、充実ということになります。

有機農業は土つくりが高度に進んだ農業のことだといわれています。農業は自然に依拠し、その恩恵を受ける、自然との共生によって成り立ってきました。しかし戦後、食と農の関係はすっかり変わりました。現在では食と農の関係はほとんどみえなくなっています。有機農業はこうした近代農業（慣行農業）のあり方への反省を踏まえ、農家の自立や生活改善運動、安全な食に対する消費者運動、環境破壊に対する環境保護運動、自然や農耕景観の保全運動、コミュニティの回復運動などと連携している運動となっています。

世界の先駆けとなった『提携』運動——日本有機農業研究会

世界（欧州）で有機農業が提唱されたのは一九〇〇年頃とされています。日本でも有機農法が提唱され始めてからすでに七〇年以上の歴史がありますが、日本で有機農業という言葉に明確な定義を与え、運動として定着させたのは一九七一年の「日本有機農業研究会」の設立によるといえます。日本が世界に誇る「提携」運動です（海外でも「TEIKEI」として知られています）。

「提携」とは、生産者と消費者が強く結び合い提携するということです。単なる「商品」の産地直送（産直）や売り買いではなく、人と人との友好的なつながり（有機的な人間関係）を築く中で進められてきました。生産者も消費者も農法を変革するだけでなく、「農作物の選別・包装を簡略化する」「自主配送を原則にする」「自給する農家の食卓の延長線上に、都市生活者の食卓を置く」「間引き野菜からとうが立ったものまで食べる」などに努め、消費者も農作業を手伝い、農業に触れ、有機農業を実践し、自然を大切にした有機的な生活をしていくことを目指す運動となっています。

米国に「CSA」という運動があり、今では国際的な有機農業運動を表す言葉となっています。CSAは「コミュニティ・サポーテッド・アグリカルチャー」で、「地域が支える農業」という意味です。日本有機農業研究会のセミナー（二〇〇二年）で、米国のエリザベス・ヘンダーソンさんは、次のように講演しています[4]。「CSAは一九八六年に米国にはじめて登場し、その後急激に広がり、九〇年代末から二一世紀に入る頃、有機農業が重要なテーマになり、大学でも有機農業の試験農場を開設した」「CSAの考え方は、スイスとドイツの方から仕入れてきましたが、実はその考え方は欧州からのものではなく、日本の『提携』からきたものだったのです」と。日本有機農業研究会の思想は、その意味で世界に広がる有機農業思想となっていたのです（有機農業運動の源流は、先述のバイオダイナミックの創始者ルドルフ・シュタイナーとする見方もあります）。

このように、日本では七〇年代に「産消提携」の有機農業運動が登場し、九〇年代には有機農産物は広く知られるようになると同時に、「パルシステム」「生協クラブ」「大地を守る会」「ポラン広場」「オイシックス」「らでぃっしゅぼーや」「スマイル生活」「ビオ・マルシェ」（有機野菜）などの専門流通事業者が有機農産物市場に参入してきました。

これら専門流通事業者（会員制宅配サービス）の参入は、農家の農作業を手伝うという研究会の「提携」型では、都会の消費者の会員が増えない状況が起こる一方、安全・安心な食を求める傾向は強くなっていったことによるものです。

地産地消／ファーマーズマーケットの強み

すでに一九八〇年代にはいくつかの農村地域で農産品直売所が創出され、この産直・地産地消運動を通して農家が元気になったという報告を聞いた時代がありました（その時必ず同時に聞く話は、農協（JA）が当初いかにこの運動を邪魔したかという苦労話です）。日本でのファーマーズマーケット（以下FM）はこの頃すでに始まっていたといえますが（もちろん〝市場〟は古くから各地にありますが）、欧米的なコミュニティ・イベント的なFMはまだ本格的に全国各地で展開されるには至っていないようです。とくに有機農業にこだわったFMはまだあまり多くないようです。

FMの目的の一つは、「安心・安全な食の提供」ですが、FMにはさまざまな効果が期待できます。その第一は、旬と鮮度です。旬の食べ物を随時新鮮なうちに食べられるため、美味な食材の供給となります。消費者と生産者の距離が近いために鮮度がよく、野菜の栄養価も高い。流通過程が短くなり、地域の監視が身近になるため、産地詐称が困難になるなど、食の安全対策の強化につながります。

第二は、生産農家の収入が向上する（二倍近くになるといわれる）と共に、消費者には低価格となります。生産者は自由に販売価格をつけることができますが、実質的には農家は通常のスーパーなどでの小売価格よりも安い、卸売価格に近い価格で販売することになります。農家所得の向上によって、農家の生産意欲が向上し、多品種化を新しい挑戦として楽しむ可能性も生まれ、さらに利用者（農家と消費者共）の農業への関心が高まる可能性も期待できます。

第三に、地産地消によって、ローカル産品がローカルの人々によって直接買われるため、地域にお金が落ち、地域の伝統的食文化の維持と継承、さらに地域素材を使った新しい農産物加工品の開発（物菜・弁当・保存食等）による新しい付加価値商品の開発をもたらすなど、地域経済の活性化につながります。

第四に、農水産物の輸送にかかるエネルギーや二酸化炭素などの地球温暖化ガスの排出を削減できます（フードマイレージ）。さらに遠方からの農産品の仕入れ（輸入）削減は、（海外の）生産地の栽培用の水の使用による水の輸入（消費）、つまり「ヴァーチュアルウオーター」を減らすことにつながります。

第五に、地域の人々のコミュニケーションの場、憩いの場をつくることになります。マーケットでは音楽などの生演奏をしたり、子どもの遊戯器具を置いている場合も多くあります。直売のため、生産者も消費者の声や反応を聞くことができます。こうして地域への愛着へとつながっていくことになります。

FMはこのようにさまざまな効果が期待されていますが、その仕組みの本質（実態）は流通構造の変革にあります。「産直」です。現在の通常の農作物の流通構造では、農作物は長い旅をして消費者に届きます。農家の生産した農作物は地域の農協（JA）に集められ、市場を経由して全国の配送センターに送られ、そこからスーパーなどの店頭に並べられます。長い旅による環境負荷（フードマイレージ）のみならず、小売価格の六〇～七〇％が輸送や取扱業者の上乗せ分となってしまっています。

FMの最も重要な役割は、地域の小規模農家（あるいは個人農家）の経営（自立）が可能となりうることです。FMの全国的な普及によって若い人々による小農家への参入が一層可能となるでしょう。すでにそうした新しい動きは十分に感じられるという報告もあります。

また、ＦＭの普及は、都市と農村の関係の変革をもたらす可能性も指摘できます。現在の日本の農業経営の仕組みは（日本だけに限りませんが）、都市の人々への有利かつ安定的な分配を前提につくられています。農村の生産物は一旦ＪＡ経由で市場に集められ、そしてスーパー等により、安定的に都市へ配分される仕組みとなっています。ＦＭによる地産地消システムの普及は、現在の都市配分システムに齟齬を起こしかねないかもしれないと指摘されています。しかし、これも都市と農村の新しい「産直」システムの構築によって対応可能であろうと思われます。東京でも、例えば表参道の国連大学前や代々木のアースデイでのＦＭの運営等、すでに数多くのＦＭが開催されるようになっていますが、今後も都市でのＦＭの開催は増えていくことでしょう。

このように食のリローカリゼーションの基本的な考え方は、第一に生産と消費の距離を短くすること（エネルギーではコジェネレーション、食では地産地消・産直）、つまり生産者の顔がみえる、生産者とのつながりを復活すること、第二に地域経済を活性化すること、つまり都市と地域との格差を是正する、あるいは現在の都市一極集中型システムを改革し、地域と都市をバランスさせる新しい仕組みを構築すること、第三に農村・農業を大切にすること、第四に地域のコミュニティを再生させること、人と自然とのつながりを強め、人と人のつながりを取り戻すこと、第五に地域に相互扶助の仕組みを復活させること、これによって地域に公共圏を復活させ、日本全体を改革していく道をつくること、第六に世界のローカルとつながる新しいコミュニティ（新しいおらが村）の創出を目指すこと、などがあげられます。

食糧自給率が三九％にも低下したままの日本は、リローカリゼーションによって農業を再生する必要があります。農業の再生によって日本的共同体としての農村共同体も再生することになります。それによって、二一世紀の日本最大の経済・生活リスクである食糧安全保障も改善される可能性があるのです。

3．交通のリローカル化――コンパクトタウンとタウンモビリティ

相互扶助のあるコミュニティの再生へ向けて、交通はどのような役割を果たしうるのでしょうか。自動車過剰社会となって、道路は車に乗っ取られ、コミュニティは分断され、中心市街地は空洞化してしまいました。交通のリローカル化とは、道路をコミュニティの人々に取り戻すことです。中心市街地への自動車乗り入れを規制し、周辺農漁業者との連携を取り戻し、自然との関係を取り戻し、人々が集まってコミュニケーションできる「コンパクトなまちづくり」を考える構想が世界で議論、実現されています。

それは、自動車をできる限り規制し、徒歩、電動車椅子、自転車、路面電車（ＬＲＴ）、バスを中心とする新しいタウンモビリティを構築することにあります。とくに自転車とＬＲＴは、新しいまちの公共交通機関として再評価され、新しいタウンモビリティの時代が起ころうとしています。

交通のリローカリゼーション（地域回帰）とは、「タウンモビリティ」（コミュニティ交通）を考えることです。タウンモビリティとは、新しいまちづくり（都市計画）の構想として、誰もが自由かつ安全に外に出かけられ、人々が出会い、コミュニケーションし、助け合い、周辺の農漁村や自然をも大切にできる、そうしたコミュニティの回復を目指せる交通のあり方を考えることです。

現在の日本は、一方では地方都市の中心市街地が深刻な空洞化に直面しており、「シャッター商店街」は地方都市を語る共通語になっています。車過剰社会は限界にきており、環境汚染のみならず、まち中

の道路建設・補修工事や駐車場建設への投資コストも高くなっています。そうして建設された幅広い道路がまちを分断し、人々の出会いを遮り、コミュニティを破壊しています。

他方で、今後の地域社会（コミュニティ）を見渡すと、地方都市でこれから人口が増える見込みはきわめて低く、都心へ通勤するための郊外のニュータウンでも、巣立っていった子どもたちはどの程度戻ってくるか分かりません。人口減少、高齢化、ライフスタイルや価値観の変化、それによる世帯構成の変化などに対して、どのようなまちをつくればいいのか。

明確なのは、人口減少と高齢化の急進展です。日本の人口は五〇年足らずの間に四〇〇〇万人も減少します。高齢化率は二〇二五年には三三％に達します。三人に一人が高齢者となる「まち」のあり方とは、地域の企業や公共施設などの建物が高齢者対応型であるだけでは足りません。すべての住宅・施設が高齢者対応型であるだけでなく、まち全体が高齢者・障がい者対応型のバリアフリーのまちになっていなければならないことを意味します。それには道路・歩道をはじめ公共交通機関のあり方が最も重要な課題です。

新しいまちづくり計画構想として、国際的に「コンパクトシティ（タウン）」の考え方があります。ヒューマンスケールで個性のあるまちを目指し、「コミュニティ再生」と結びつけた「コンパクトなまちづくり」を追求するものです。その中核的テーマはタウンモビリティ（コミュニティ交通）です。自動車交通をできるだけ規制し、徒歩や自転車や路面電車を促進して地域の自然や景観を大切にしつつ、人々の出会いの場をつくり上げ、市街地の活性化をもたらすまちづくりです。

車過剰社会からの脱出

「コンパクトシティ（タウン）」は、きわめて包括的な概念ですが、国際的にすでに長きにわたり議論され、具体化してきています。欧米では「コンパクトシティ」「サステイナブル・コミュニティ」「アーバンビレッジ」「スマートシティ」などと呼ばれているもので、これらは各々強調点に若干の違いはあるものの、ほぼ同じ系譜の考え方です。

コンパクトシティとは、地球環境の改善（二酸化炭素等地球温暖化ガスの排出抑制など）に取り組みながら、同時に都市の再生にもつなげられる都市構想を目指すものです。具体的には市街地の範囲を限定し、高密度化させ、自然をできるだけ浸食しないようなまちづくりを行う、低成長時代への対応型都市構想でもあります。

欧州では、コンパクトシティへの取り組みは、まず地球環境問題への対応から、自動車が排出する二酸化炭素削減から始まりました。次いで田園や自然環境保全などへと結びつき、人々の生活のあり方を問いかけるものとなり、それが都市間の国際的ネットワークの形成へとつながり、地域の持続可能性を高めるものとしてとらえられてきました。

これに対して、日本のコンパクトシティ構想は、中心市街地の空洞化、郊外へのスプロール化、人口減少・高齢化への対応が発端となっています。具体的には中小規模の地方都市の中心市街地再生を目指すという考え方が中心となっています。

ＥＵ（欧州連合）は一九九四年に欧州サステイナブルシティ＆タウン・キャンペーンを行い、その一環として「オールボー憲章」(5)を採択し、自治体の都市計画の柱として、以下のような具体的な提案を提示しました。これがその後コンパクトシティの構想の基本となってきました。

①より高い密度による、効果的な公共交通とエネルギーの供給
②ヒューマンスケールの開発
③複合機能の促進による、インナーエリアや計画的な新市街地開発における移動の必要性（交通需要）の減少
④自動車交通の必要性の減少
⑤徒歩・自転車や公共交通の促進

日本では、一九九九年策定の阪神・淡路大震災後の神戸の復興計画書の中にコンパクトシティの概念が組み入れられていました。[6] しかし、日本全国の自治体がコンパクトシティをキーワードに位置付けていくのは、二〇〇六年のいわゆる「まちづくり三法」の全面的見直し・改正後です。[7] 改正によって、これまで立地が原則自由に認められていた白地地域への大型ショッピングセンターや公共施設の誘致なども他の開発や立地と同様許認可の手続きを必要とすることとなりました。施設の郊外立地や市街地の拡大を基本的に抑制し、中心市街地への立地誘導を図ることを目指す方向への改正でした。この時の議論に使われた言葉がコンパクトシティでした。この概念は、青森市、金沢市、福井市、神戸市などの都市づくりのマスタープランとして導入されていきました。

自転車優先のまちづくり

日本の交通政策は、大量の車をいかに効率よく捌くかに焦点があてられてきました。そのため道路は地域生活の中心としての役割を奪われ、単なる車の通路として認識されるようになってしまいました。

車対策として、全国の自治体がとったことは、バイパスの建設と広い道路横断のための歩道橋の設置でした。

自動車利用を前提とした道路政策によって、道幅はできるだけ広げられ、それがまちを分断してきました。空き地は駐車場となり、自動車を収容するための無機的な建造物に都市の貴重な空間を浪費する結果となり、隣人との触れ合いは阻害されてきました。

自動車は、道路と駐車場のために巨大な空間を消費する空間浪費型の交通手段です。その空間処理のために莫大な財政が投資され、今や不効率となっています。さらに、自動車利用を前提とした都市では、自動車を利用しない人、利用できない人には住みにくいまちとなり、「社会的な格差（交通格差社会）[8]」を生じさせることになりました。

日本では、車の混雑・渋滞への取り組みとして、地方都市では市街地を貫通していた幹線道路のバイパスを建設していきました。このバイパス沿線や周辺に商業施設が開発されていき、さまざまな店舗がひしめき合うようになりました。一時はバイパス建設があたかも市街地拡大による地方都市発展の起爆剤と考えられるようになり、各地で続々とつくられていきました。

しかし、バイパス周辺への大型商業施設の進出によって、中心市街地の商店街は急速に空洞化していき、シャッター街となっていきました。と同時に少子・高齢化に加え低成長、さらに若者は相変わらず都市へ流出することによって、購買力は拡大せず、外縁の農地を開発したスーパーなどのショッピングセンターも閉鎖されるところが目立つようになりました。大型空き店舗などが発生し、失業問題、後継店舗対策、取り壊し予算の発生などの問題が起こってきました。

郊外への大型店進出によって、小売業の店舗面積は増大しましたが、これに比例して雇用数や販売額が増えてきたわけではありません。雇用数の伸び悩みは効率化と説明できるかもしれませんが、販売額の伸び悩みは所得の伸び悩みと人口減少という本質的問題によるものです。こうして市街地の空洞化と近隣のスーパーマーケットの閉鎖によって、障がい者・高齢者にとっては買物をする場が失われる「買物難民」の登場という事態さえ発生することにもなりました。

買物難民をもたらしている理由には、郊外への大型店の進出のみならず、交通の利便性の衰退によります。これを回復するには、商店街の回復と活性化が必要ですが、同時に誰もが利用できるバリアフリーの公共交通の構築が必要なのです。

「人間は誰でも自由に移動する権利がある」という「交通権」という社会的公正の考え方が一九八二年にフランスで法制化され、ＥＵ（欧州連合）で採択され、九一年には米国でも法制化されました。日本でも一五年遅れて二〇〇六年にバリアフリー新法（高齢者、障害者等の移動等の円滑化の促進に関する法律）が導入されます。交通権はすべての人間を対象としていますが、とくに移動困難者へのユニバーサルアクセスの提供がまず課題とならねばなりません。高齢者やさまざまな障がい者が等しく移動でき、社会参加への自由が保障されているシステムのあるまち（くに）を目指すことが前提です。

タウンモビリティ

コンパクトシティの最も重要な課題は、新しい地域の多様な交通機関（タウンモビリティ）の統合システムを構築することにあります。徒歩、（電動）車椅子、自転車、自動車、バス、路面電車、鉄道等の連携と統合です。その中で、自動車交通を減らしながら都心に賑わいを甦らせるという課題に対応しなければなりません。

徒歩、車椅子、そして自転車を中心とする交通システムをどうつくるのか。自転車道路が整備されていれば、電動車椅子の走行が可能です。自転車の推進には、自転車推奨優遇政策や、コミュニティサイクル制度（自転車のシェアリング）の導入などが欧州では行われるようになりました。

また、自動車の乗り入れ規制をしつつ、まちの賑わいを持続させる試みはかなり以前から始まっており、多くの成功を生んできています。その端緒がボンネルフ運動です。旧市街など住宅地区への車の進入制限運動は、一九七一年にデルフト（オランダ）で、住民たちが家の前の街路に花壇、敷石、鉄柱を置き、車の速度制限や進入禁止措置を働きかけたボンネルフ（Woonerf）運動が始まりとされています。自動車の走行速度の抑制や通過交通の排除など、歩行者や住民の生活機能を侵さない範囲で自動車の利用を認めるが、安全で快適な地区をつくる、市街地の静穏化運動でした。なおボンネルフは「住宅地区」「車両の徐行が定められた区域」という意味です。

自動車対策として、ミニバスの運行も日本では増えてきています。タクシーへの優遇政策をとる地域もあります。また、欧州ではカーシェアリング（自動車の共有）ビジネスが急成長してきていますが、日本でも近年始まっており、今後の成長が期待されます。

新しいタウンモビリティ・システムの構築において最も注目されているのが、かつての路面電車の進化型としての「次世代路面電車＝ＬＲＴ」です。ライトレール・トランジット（Light Rail Transit）は新しい路面電車のシステム全体を指す言葉ですが、そのライトとは、大量輸送が可能な普通鉄道（ヘビーレール）と区別するネーミングです。

ＬＲＴが優れている点は、①他の交通機関との「連続性」（乗り入れ、インターモーダル）をもったトータルな交通システム、②超低床でバリアフリー、③設置コストが安い、④高速・加速性の高いゆとりある中量輸送システム、⑤低騒音、低振動、⑥高い利便性が可能（本数の増加など）、⑦中心市街地の活性化に貢献する（まちのランドマークとなる）、などが指摘されています。

道路を再びコミュニティの人々に取り戻すこと、それが交通のリローカル化です。車のスピードを制限し、歩行者を優先する道路です。車の通行を一時的に中断して歩行者が自由に散策できる「歩行者天国」ではなく、これが日常となる地域社会（コミュニティ）の回復です。その発想が欧州ではＬＲＴの登場を契機に、自動車を規制して、歩行者専用の街路、路面電車、タクシー、バスなどの公共交通機関、そして自転車を複合的に結節するタウンモビリティの構築が行われています。

これからもさらに新しい交通のリローカリゼーションのアイディアは登場してくるでしょう。交通のリローカル化を考えることは、情報公開と市民参加による熟議によってこそ生まれてくるのだと思います。

4．建築・都市計画のリローカル化――公共圏の形成と建築

建築は公共圏の形成のために何ができるのか

まちの設計（都市計画）には市民が大いに関わるべきですが、日常的には建築家が中心的役割を果たしています。リローカリゼーション（地域回帰）とは、共同体のつくり直し、再生のことですが、その共同体のつくり直しにおいて、建築家はどのような役割を果たしうるのでしょうか。まちづくりと住居つくりの建築は、豊かな「公共圏」の形成を目指すものであるはずですので、建築の役割はきわめて重要です。

日本の建築雑誌をみると、建築物の紹介はその建物だけの外観や内部の写真をとり、建築家の作品を単体として誇示する紹介の仕方がほとんどです。しかし、建築物は、そのコミュニティを囲む自然と歴史を含む「まちの原風景」[9]と共に、コミュニティの景観の中核的な存在であり、その「景観の共有」がコミュニティ感覚のベースとなり、コミュニティ精神をつくり上げ、コミュニティの文化となるはずです。

建築物は景観を構成するトータルスケープの中でとらえられなければなりません。トータルスケープとは、「地理・風景から見る『ランドスケープ』、環境・自然との関係でとらえる『エコスケープ』、まちの音、静かさや騒音などからとらえる『サウンドスケープ』、インフラ網との関係でとらえる『ロジスティックスケープ』、人々の生き方からとらえる『ライフスケープ』など、これら多様なスケープの中で統合的に建築をとらえ直してみること。それは豊かな山々や森の連なりによる自然があって、里山があって、農村があって、地方都市があって、郊外があって、大都市があって……そうした連なりによって成り立っているのが日本のランドスケープであり、それらを自然や景観と建築物との交流としてとらえること」です[10]。

しかし現実には、これまでの日本の建築あるいは街の景観づくりは、日本各地のそれぞれ固有の景観を破壊して、日本全国いたるところを同一化することに大きく貢献してきたといえます。国道一号線沿いの風景はどこをとっても同一になってしまっていますし、全国の地方都市の駅前風景もほとんど同一になっています。

アムステルダムは戦後のモータリゼーションの中においても、運河網の暗渠化は市民の強い反対がありほとんど行いませんでした。それに対して、江戸の運河網はほとんどが消えてしまい、日本橋の上には高速道路網を縦横に走らせています。河川が生み出す情緒と景観を、経済発展の名の下に敢えて削除したのです。

建築はコミュニティづくりであるという感覚は現代の建築家なら誰でももっているはずです。例えば、山本理顕は、トータルスケープをベースとする新しい都市／街の形成（コミュニティの形成）において大切なのは、「都市の連続性」であると語っています。欧州の都市がそうであるように、都市をコミュニティとして感じさせるもの、都市にまとまりや親密さを感じさせるものの一つは、都市全体を貫く（外観の）連続性にある、各建築はばらばらであっても、例えばファサードや壁のレンガやフェンスの一部に連続性を感じさせる模様や形を施すだけでも、コミュニティ感覚を醸成しうるのだといっています。

これに対して伊東豊雄は、近代建築にとって「境界」は重要な問題で、それを和らげるような形でデザインすること、建物の内部と外部との「交流」が可能でありうるものをつくりあげることが、コミュニティの創出につながると考え、そうした建築を心がけていると語っていたことがあります[11]。

コミュニティ創生へのアプローチは、環境にやさしく環境的に住みやすい住宅あるいは自然と過ごす住宅を追求する建築という考え方と、「無縁社会」「孤立死・孤独死」「買物難民」という言葉や実態が生み出されているように、助け合って（互助的な関係で）棲む住み方、助け合う空間をどうつくるのかという二つの問題意識から、多くの提言や建築づくりが行われているように思われます。

山本理顕は、「一世帯＝一住宅」政策から「地域社会圏モデル」を提唱しています。日本の戦後の住宅供給政策である一住宅に一家族が住む住宅方式は、「インフラとの関係も含めてこれは経済成長のためには最も有効な住宅供給の方法だった」と述べています[12]。

建築家は経済成長とプライバシーを守ることを最優先にし、隣の人と関係なく住める住宅を供給してきましたが、「そこで何が阻害されたかというと、お互いが助け合う関係性と、私たちの生活環境（景観）としての共同体的記憶である。建築家は、その場所の固有の景観を大切にするより、地域格差をなくすという名目で標準化を開発の尺度として、日本中を一律な風景にして、風景をむしろ壊す側にいたのだ」と山本は指摘しています。

この点について筆者の感想を付け加えれば、このプライバシー重視型による自己責任方式によって起こったことは、私たちは家庭の中に「社会」を入れなくなったことです。かつては家は外にも開かれていて路地や縁台や冠婚葬祭などを通して家庭の中に社会が自動的に入ってきましたが、戦後のこの住宅政策によって、核家族化と家が狭いためパーティができないという言い訳を含め、家庭は社会から断絶され、自己責任の住宅ローンを返済するために父親は残業し、母親は非正規労働で働き、家族で社会について語り合うことも、「他者」が家庭に入ってきて語り合うこともなくなってしまったのです。その結果が、会社的思考のみが形成され、市場競争を絶対視する競争原理一筋の勝ち組・負け組発想と、互助性と社会性の喪失だったのです。

山本理顕が提唱する「地域社会圏モデル」とは、共同で生活するための新しいモデルの模索で、設計において「地域」をとらえ、そのつくったものが外側に影響していく、それを含めて地域社会圏と呼び、それはコミュニケーションの濃密さやコンテンツの多様性を引き出すようなアーキテクチャーを構想するというやり方です。つまり環境論だけでなく、社会構造にも言及できるよう建築を考えること、具体的には「〝顔のみえる規模〟の設定をすることで建築のモデル化をしていく」というアプローチといっています。

大野秀敏は、「縮小する社会」／ファイバー都市構想を提案しています。[13] 彼は現代の日本の都市は三つの「縮小」に直面していると指摘します。一つは人口問題で、人口減少と高齢化が同時に起き、地域の経済的体力がなくなる。二〇五〇年に日本の人口は現在の四分の三に（五〇年間足らずに四〇〇〇万人弱もの減少）、高齢者比率は三分の一になります。二つは環境問題で、過剰消費・過剰生産の抑制が不可欠となる。三つは必ず起こる地震の危機。

例えば、高齢者への対応についての考え方も、「高齢者を世話するための専用施設という概念はもはや、経済的にも成立しない。特別の施設を用意するのではなく、すべての住宅は高齢者住宅であり、すべての施設を高齢者施設だと思って整備しないと対応できない」と述べています。現在の延長線上で都市像を考えてはいけないのです。

「土地は所有権より利用権の時代へ移って行く。どのように土地を利用したら街が活気づくか、その利用法について金銭を払うという仕組みをつくる必要がある」「同時に地縁社会に基づかない流動的な互助的関係の再構築が必要である。互助的関係とは互酬性（ある種の見返りを前提に成立している、長い時間の中での貸し借り）のことであり、そうした仕組みをつくる必要がある」と大野はいっています。

縮小する社会では、必然的に発生する大量の空き地、不要になる建築施設も多くなる。「ファイバー都市・東京二〇五〇」は、そうした縮小する都市の新しいデザインのあり方を描いたもので、「ファイバーとは繊維であり、都市を構成する線状の空間や構築物である。あらゆる交通網、商店街、川、崖、建築などである。ファイバーシティは、このような線的要素が離散的に都市空間に散在しながらも、緩やかに関係をもって布のように強靱かつ柔軟な組織を造り上げる」ものだと解説しています。

以上紹介したものの他に、住む場所を共有あるいは共同利用する「シェアハウス」や、数軒の個人住居の集合に加えて、共同施設（食堂、台所、ラウンジ、会議室、娯楽施設、読書室、作業場、保育所、自然空間など）を設置する「コ・ハウジング」などもコミュニティの形成にとって重要な建築の課題となっています。

三・一一と建築

三・一一は被災者の方々が住むコミュニティを破壊しました。建築家はコミュニティの復興にどのように関わってきたのでしょうか。多くの建築家は、三・一一の地震と津波と原発事故は、「人災」であると語っています。どんな津波にも耐えるという触れ込みでつくられた巨大防潮堤は脆くも崩れ去りました。安全神話の原発も地震段階で故障していたことが明らかとなりました。そして、多くの「一戸建て一世帯住宅」が崩れ、流されました。津波が堤防を乗り越えてしまうと、町は全くの無防備な姿をさらけ出す。巨大な土木インフラがあることで、住宅は津波を意識する必要がなく、巨大防潮堤があるが故に逃げ遅れた人も多かったに違いありません。

山本理顕がいうように、今の社会をつくっているその仕組みが本質的なところで破綻してしまったのだ、今までの近代技術による「想定」という考え方が間違っていたことが証明されたのだ、と多くの建築家は認識しました。

また三・一一は、それまでの、都市が地方を搾取していた構造を改めて明らかにしました。都市と地方の力関係を変えていくことが必要なのだという認識も多く見受けられるようになりました。さらに海や山の関係も、そこを流れる川の流域を含めた全体で考えなければならないことを改めて認識させました。結局、私たちは人間の世界と自然の世界とを切り分け、自然の世界をブラックボックスのまま、近代科学に基づく「想定」によって制御可能であると慢心していたのです。

隈研吾は「きずなとしての建築のあり方」を考え、[14]伊東豊雄は「自然と人間の境界を解いて近づけることが、むしろ安全性を高めることになっていくだろう」と、内と外がつながったような自然との一体感のある空間をつくろうとしています。そして、「今度は防潮堤一本ではなくて道路や鉄道のバンクを設けて三本のラインで減災する」といった解決法を提案しています。[15]

景観の共有

住・建築のリローカル化とは、コミュニティ創出への建築の役割のことであると書きましたが、そのコミュニティとは、住民間のコミュニケーション（熟議）が促進される住み方ができること、相互扶助のある住み方（助け合って住む）、自然との交流・交歓がある住み方ができる地域空間のことです。それをつくるのが建築家の役割です。

そこに住むコミュニティの人々が生活環境として日々共有しているものが「景観」です。「景観とは共同体的記憶である」からこそ、景観を大切にすることが重要となります。「コミュニティの景観を構成してきた山・森・木々・川・湖・田園・畑、コミュニティ内の他者との触れ合い、挨拶等、大切にしてきたものが記憶の原点となって私たちは人生を生きている」（長島孝一）からです。

「これまでの建築は、経済成長と工業化社会の牽引役として期待され、ゼネコンが産業を席巻した」（蓑原敬）と建築家は指摘します。これまでの建築思想は、経済のグローバリゼーションに奉仕し促進することであったかのようです。三・一一以後は、建築思想の転換の必要性が改めて強く認識され議論されています。その内容は明らかにトータルスケープとリローカリゼーション（地域回帰）へと向かっていると感じられます。

三・一一への建築家の関わり

東北大学教授の五十嵐太郎[16]（建築史・建築批評）の報告によると、三・一一への建築家の関わりは次のようなものだったとのことです。第一段階の緊急対応では避難所の簡易仕切り方式でいくつかの提案が実施され、効果をあげた。また、各地の有名建築家による美術館等の現代建築が避難所に転用され、その居心地よさが評価された。第二段階の仮設住宅では、後述のように南面平行の建て方がコミュニティの形成を阻害するとして、対面建設やコミュニティスペースの設置について提案され、限定的ではあるがいくつかのところで実現した。そして第三段階の復興計画では、今後建築家の出番が大いに意義をもつに違いないと期待していますと書いていますが、具体的にはどうだったのでしょう。

坂茂は紙管の強度に注目し、特殊加工した紙管を建築の構造材として使用しています。一九九五年の阪神・淡路大震災では仮設住宅や教会や集会所を「紙管」で製作しました。その後強度をさらに強化し、二〇〇〇年にはハノーバー万国博の日本館をこの紙管で製作するに至っています。

震災対応では、この紙管を使ってインドでの地震被災に対し仮設住宅の建設を行い、新潟県中越地震での避難所用の間仕切りシステム、〇五年に津波災害を受けたスリランカのキリンダ村での復興住宅、〇八年に大地震の被害に遭った中国四川省の小学校の仮設校舎を建設、ニュージーランドのクライストチャーチ地震では、被害を受けた大聖堂の仮設教会の建設を提案しました。紛争や地球環境変化で難民が発生すると、難民キャンプ周辺の樹木がテントのための柱として伐採されてしまうため、かわりにこの紙管をテントの支柱として提案するなど、日頃からその活動として災害時対応に取り組んできた数少ない建築家の一人です。

三・一一後には、プライバシーとオープン性を兼ねた避難所用間仕切りシステムを開発し、岩手県立大槌高校などの避難所で紙管と木綿布による簡易な間仕切りシステムを設置しています。これ以外では、簡易仕切り方式として、工学院大学鈴木敏彦研究室の一人用テント「ダンボールシェルター」の考案などがあります。

仮設住宅については、坂茂は宮城県女川町の仮設住宅に、多層コンテナ仮設住宅を設置しています。海上輸送用コンテナ（二〇ft）を市松模様に積み上げた二、三階建の仮設住宅を提案し、女川町に一八九戸の多層型仮設住宅を建設しました。

避難所段階では、日頃から取り組んできた坂茂を除けば、建築家の出番はほとんどなかったようにみえます。そして、第二段階の仮設住宅の建設でも、建築家の出番はきわめて限定的であったようです。仮設住宅は校庭、公園、空き地などに五万戸以上の応急仮設住宅が建設されましたが、プレハブの場合は生産システムとの関係から、震災後での関わりでは遅過ぎ、限定的にならざるを得ません。

但し、上記の坂茂の多層コンテナの積み上げによる仮設住宅の実現以外にも、建築家から仮設住宅の建設改善についていくつかの提案がなされました。山本理顕は阪神・淡路大震災の仮設住宅においてコミュニティが崩壊し、多くの孤独死をもたらしたことを踏まえ、すべてを南面させず、住戸がお互いに向き合う配置やガラス張りの玄関によって人と人のつながりを維持させる仮設住宅を提案しています。

また、東京大学の高齢社会総合研究機構が提案・実現したものに釜石市平田総合公園の仮設住宅計画があります。これは「東側にケアゾーン、西側に一般ゾーンを設けている。ケアゾーンは各住戸は向かい合って配置されており、その向かい合った場所に木デッキが張られ、その上にポリカーボネイトの屋根が架けられている。ケアゾーンの中に、子育てゾーンを入れて、それぞれのゾーンをつなぐ真ん中の部分に、サポートセンターという集会所兼ケア施設の機能をもつ建物を配置し、あわせて地元で被災した商店、事業所、スーパーが営業できる仮設店舗も配置した。これによって仮設住宅に医（ケア）・職の部分を追加したのです。コミュニティ参加の意欲のない人には〝一般ゾーン〟を設定している」ということです。しかし、結局、対面配置になった仮設住宅は例外的でした。

五十嵐太郎研究室の「垂直に伸びていく塔」の設置ともち運びできるベンチの提案は、「仮設住宅に欠けているものの象徴的な要素」であるということです。塔のある町に住むことは、「ふだんの生活にとっても自分の場所確認をする重要な基準点になるだろうし、将来ここを離れて新しい暮らしを始めた後も記憶に残る風景になるのではないか。また、塔の存在は与えられた敷地の外側にも影響を与え、プレハブ住宅群からみえるはずだ」と解説しています。トーテムポールの発想です。

仮設住宅の貧しさ

仮設住宅は一戸当たり五〇〇万円の建設費がかかり、それに加え運営費も数十万円かかります。しかも撤去するのに一〇〇万円近くかかりますが、法律的には二年しか使えないのだそうです。

しかし、仮設住宅の発想はなぜかくも貧しいのでしょうか。日本では何度も災害が起きているのですから、建築家はなぜもっとふだんから関わらないのだろうかと思ってしまいます。一人四畳半を前提とした非常に狭い住宅の中に冷蔵庫、洗濯機、電子レンジ、空調といったモノが与えられます。生活の温かみや出会いの場への発想はほとんどありません。庇《ひさし》は三〇センチしかなく、そのため雨がふると洗濯物が干せない、お風呂の追い炊きができない、隣の音がすごく聞こえる……。それでも、隣の家の室内犬の鳴き声がものすごく煩かったが、隣の人と知り合うことによって気持ち的に解消できるようになりましたとおっしゃった方がいた。人々は究極の我慢をして過ごしているのです。

現在の仮設住宅は、南面平行配置・北側アクセス型で、各住戸のプライバシーを過剰に尊重した方式になっています。つまり「一住宅＝一家族」を前提にした配置計画です。隈研吾は、「仮設住宅は、二〇世紀工業社会の産物である集合住宅というプロトタイプをそのまま再生産しているだけです。狭い、材料が貧しいということ以上に、家族を個として周囲と切り離して、ぶつ切りにしてしまうところに一番大きな問題がある。避難所では少なくともあるノイズを共有するスペースがあるのに対して、仮設には集会場があっても申しわけ程度のもので、共同性は生まれにくい」と指摘しています[17]。

伊東豊雄が中心となって提案しているプロジェクトに「みんなの家」があります[18]。三・一一後に建築家のネットワークの一つとして「帰心の会」が設立されています。伊東豊雄、隈研吾、内藤廣、山本理研、妹島和世という一九四〇〜五〇年代生まれの世界的に活躍してる建築家のグループ（二〇一一年三月設立）で、「みんなの家プロジェクト」を立ち上げています。

みんなの家は、その第一号が仙台市の東海岸の宮城野区に二〇一一年一〇月に竣工されています。六〇戸余りの仮設住宅地内に設置された小さな木造建築です。伊東は、「ここに住む人々が集まって薪ストーブで暖をとりながら酒を酌み交わし、語り合うサロンのような場を目指している」「小さな小屋のような建築ですが、三つの役割があると思っています。一つめは、被災して家を失った方々が集まってごはんを食べたりおしゃべりしたりしながら心を慰め、癒し合う小さい場所であること。二つめは『みんなでつくる家』ということ。近代以降、建築をつくる人間と住む人間の間に乖離が出てきてしまいました。本来建てる人と住む人の間に距離はありませんでした。だから、みんなの家は住む人、使う人と最初からお話ししながら一体になって一緒につくろう、と考えたんです。かつての共同体では、家はみんなでつくって、できあがったら一緒にお祝いをしたものです。三つめは、安らぎ楽しく過ごせるための場所だけでなく、みんなで復興を考える拠点にもしていくということです」と語っています。

そして、「『何となく』人が集まる場であることは、公共建築の大事な条件だと思うのです。いわば市民にとってリビングルームのようなこうした空間こそ、避難所や仮設住宅で生活している人たちにとっては重要だろうと思います。『みんなの家』とは、人々が集まって、何らかのコミュニケーションをとることのできる場所となるようなもの」、それをつくることが重要だ、といっています。

高台移転と防潮堤

東北の復興のあり方は大きな問題に直面しています。防潮堤問題です。復興のための都市計画の策定のためには、まず堤防の大きさを決める必要があるからです。被災地をいくつか見学させていただくと、今後の復興計画の中で、街づくりとしては、①地盤沈下しているため、場所によって一〜五メートル程嵩上げ（盛り土）する、②被災地域の住宅は基本的には高台移転する、③漁港近くの地域は産業集積する、などと聞かされます。

今後の防災対策の基本は高台への移転です。幸運なことに、日本の地形は海の近くに山がある。近くに避難できる高台がないところには、（日頃は観光タワーになるような）避難タワーを設ける。嵩上げするのに近くの山を崩し土をもって来る。現地の人は、俺たちゃこの上には住めねえという人もいました。この盛り土の下には誰かが住み、亡くなっている。その家族を知っているからだという。この町の再生も、きっとそのことを知らない外の誰か（きっと東京の開発業者が買い）が住むことになるのだろうかという思いが頭をよぎります。

高台移転の問題は、高台を造成した場所では土砂崩れの恐れも懸念され、注意深い開発が必要になります。今後の高台での新しい町づくりには建築家の優れた提案が求められています。しかし、その前にある重要かつ緊急事態が防潮堤問題です。

防潮堤問題は、復興計画の基礎となると同時に、その後の長い世代の生活と景観を規定することになります。進行している実態は、東北の海岸沿いに政府は七メートルから一五メートル以上の巨大堤防の建設を決定し、すでに建設が始まっています。しかし、市民は本当に巨大堤防を望んでいるのかということです。被災地で聞くと、恐らく誰も巨大防潮堤が必要だと思っている人はいないのではないかとさえ感じます。そのようなものができるとは夢にも思っていないのが現実で、巨大堤防不要論は誰もが語ります。東北の主要産業である漁業は、海との一体化によってもたらされています。東北が大切にしてきた自然の景観の喪失は考えられませんし、美しい東北の観光産業にとっても致命的です。

巨大堤防は景観を基本的に喪失させ、生活感覚を海という自然と切り離していく恐れがあります。それが子々孫々まで継承されることになります。そのようなコンクリートの巨大堤防の建設は、本当は市民の誰も望んでいないのに建設が進んでしまう、日本の意思決定の仕組みは、三・一一後も旧態依然たるままで、三・一一から私たちは何を学び、何を前進させえたのか、不明のままです。

以上、三・一一への建築家たちの取り組みを中心に、リローカリゼーション（地域回帰）時代のまちづくりをみてきましたが、まちづくり計画や政策には建築家だけでなく、市民の声がもっと本格的に巻き込まれる仕組みが必要です。

5. 金融のリローカル化――NPOバンク

金融のリローカリゼーション（地域回帰）について、日本における最も明確な動きは「NPOバンク」です。NPOバンク（あるいはソーシャルバンク）設立への動機は二つの方向から起こっています。

一つは、ATM端末を通じて、自分のお金を銀行や郵貯や証券会社に吸い取られた途端、それは本社に集中され、その向こうでこの自分のお金がいかに使われているかは全く分かりません。環境破壊を起こす大規模プロジェクトや兵器産業や戦争継続のための資金であったり、人権侵害を起こしたり、あるいは自分が反対する原発プロジェクトへの融資であったり、多重債務をもたらす消費者金融などに融資されているのかもしれません。自分の手からお金が一旦離れると、そのお金は金融のグローバリゼーションの中で格差を創出するために使われているかもしれません。まさに白紙委任の状態になっています。

自分のお金は社会をよくすることのために使われる、自分のお金の使い方を自分で選択できる自由、そうしたことができる預金あるいは投資の仕組みをつくりたいという動機です。こうした動きが国際的に興隆してきているのです。

もう一つは、金融のグローバリゼーションによって、地域で暮らす人々のお金はATMを通じて吸い取られた後は、中央に集中します。その使い道は地域の生活とかけ離れたところで決められ、地方は寂れていく。地域にお金が戻ってくる時には、全国チェーンの大型小売店等の進出によって、地域の市街地の過疎化がどんどん進んでいって買物難民が起きたり、農村地域の過疎化と高齢化を加速させる結果となってきました。経済のグローバリゼーションは地域（コミュニティ）の喪失を加速化させてきたのです。

もう一度地域社会を活性化させ、相互扶助のある新しい地域社会を再生しようとする地域運動が世界で起こっており、そこに新しい資金ニーズが発生しています。しかし、それに対応できる金融システムはほとんど存在していません。コミュニティの再生のためには、資金の動きを中央集権型から地域内循環型へつくりかえていく必要があります。それは同時にお金に支配された私たちの生活を見直すことでもあるのです。

このようにNPOバンクとは、お金の「地産地消」を目指す運動であり、「お金を介して、地域を豊かにする事業を応援する仕組み」の構築を意味します。NPOバンクは市民の資金で設立された「市民の非営利バンク」で、「市民バンク」「コミュニティバンク」「金融NPO」「市民金融」「日本版グラミンバンク（銀行）」「現代版無尽」、さらに「お金の地産地消」「顔のみえる小規模金融」などと呼ばれています。欧米ではコミュニティバンク、シティズン（市民）バンク、ソーシャルバンク、そして制度的にはCDFI（コミュニティ開発金融機関）と呼ばれることが多いのですが、日本では「市民バンク」は商標登録されているため、NPOバンクと呼ぶようになっています。

グローバリゼーションの中で世界のお金持ちたちは一方的に資金を積み上げる仕組みをつくり上げてしまっています。お金持ちたちは税金の支払いを避けるためにタックスヘイブンの仕組みを国際的につくり上げ、お金持ちの投機資金が世界を自由に動き回り収益を積み上げていく国際金融システムがつくり上げられています。前者はパナマ文書の発覚でその実態の一端を伺い知ることができました。

もう一つは、世界を蠢き世界経済を危機に陥れかねない投機資金をどのように管理するか。具体的にはこれら投機資金に課税し、その税収を世界の格差縮小のために使うという、国際金融取引税（グローバル連帯税）導入への動きも、世界のNPO・NGO活動のみならず、政治的にも活発化してきています。(19)

ソーシャルファイナンスの動き

「ソーシャルビジネス」「ソーシャルファイナンス」「ソーシャルバンク」という言葉が普及し、理解を高めています。[20] 簡単にいえば、社会課題解決につながるビジネス及びそれに融資するシステムのことです。

一番分かりやすいのが二〇〇六年にノーベル平和賞をとったバングラデシュのムハマンド・ユヌス博士が始めた「マイクロクレジット」(グラミン銀行)でしょう。現在ソーシャルファイナンス機関として知られているのは、オランダのトリオドス銀行、オイコクレジット、ドイツのGLSコミュニティ銀行、イタリアの倫理銀行、英国のチャリティ銀行、コーポラティブ銀行、デンマークのクア銀行、スペインのラシュフ銀行、スウェーデンのエコバンク、オーストリアのヘルメス銀行、スイスのオルタナティブ銀行、米国のショアバンクなどです。

このように今では、世界各地に多くのソーシャルファイナンス機関が展開されています。これらは基本的には市民から資金を集め、社会的事業に融資を行うものです。当初は環境配慮型のプロジェクト(風力発電、太陽光発電、エコハウス事業、有機農業、バイオなど)への投資を促進することから始まってきましたが、今では社会事業(教育施設、高齢者福祉施設などの社会福祉、芸術分野、開発協力など)や、コミュニティ開発へと分野は広がっています。

ソーシャルビジネスを促進する団体(NGO)も二一世紀に入って急速に発達してきました。アショカ、アキュメン・ファンド、スコール財団、SVPI(ソーシャルベンチャー・パートナーズ・インターナショナル)などはまたたく間に国際的に知られるようになったソーシャルビジネスを促進するNGOであり、ソーシャルファイナンスも行っています。

マイクロクレジットへの資金調達手法もインターネットの発達で今では見違えるほどに国際的になり、しかもファンド方式の資金調達方式へと広がっています。その一例が「ＫＩＶＡ」で、途上国の個人による小さなプロジェクトへの少額の資金協力要請に対して、世界からインターネットを通じて資金提供のコミットメントが集まるようになっています。

日本でもファンド方式のソーシャルファイナンスの資金調達が普及してきています。自分たちのプロジェクトに資金提供要請をするクラウドファンディングは大はやりです。先駆けとしては市民による風力発電を推進するための市民風車やＮＰＯ北海道グリーンファンドなどが知られています。ＮＧＯのプレス・オールターナティブは、一九八九年に地域の信用組合と提携した「市民バンク」を設立していますが、二〇一〇年以降はコミュニティファンド方式（大阪コミュニティビジネスファンド、島根県民ファンドなど）へ移行し、さらに三・一一後には市民復興トラストをスタートさせています。ファンド方式では他に公益財団法人京都地域創造基金などもよく知られています。ここでいうファンド方式やトラスト方式とは、個々の投資家が各自の責任で特定のソーシャル・プロジェクトを判断し投資する、一種の直接金融です。

これに対しＮＰＯバンク方式は、融資対象を社会性・地域性について厳しく設定し、その方針を理解する市民から投資資金を集め、具体的な融資先の決定はＮＰＯバンク自身が判断して行う、その点では間接金融方式となっています。

日本におけるＮＰＯバンクの設立

日本のＮＰＯバンクは、そうしたソーシャルファイナンスの仕組みの一つです。欧米にはすでにそのシステムが法的にも存在するのですが、日本では制度的にはまだしっかり位置付けられているとはいえませんし、支援策もなく、むしろ現行法はその発展を著しく阻害するものとなっており、NPOバンクは厳しい運営を強いられています。とくに二〇〇六年に成立した金融商品取引法（投資サービス法）では、出資者に利益配当を行わないという現在のNPOバンクの一般的運営形態は、規制対象外となりましたが、わずかでも出資者に利益配当しようとする場合は業者登録が必要となる場合があるなど、問題は残っています。

日本には全国のNPOバンクのネットワークとして「全国NPOバンク連絡会」がありますが、その定款にはNPOバンクの「定義」について、「市民が自発的に設立し、市民からの出資に基づいて、市民事業など社会的に求められているニーズに対して融資を行う、非営利の金融機関をいう」（規約第四条）とあり、基準は以下の四点としています。①市民が自発的に設立する、②社会的に求められているニーズに対して融資を行う（事業向け・個人向け共に）、③非営利である（法的に認められている程度の出資配当はOK）、④市民からの出資を融資の原資とする。

日本における「NPOバンク」の数ですが、全国NPOバンク連絡会の資料によると、二〇一六年現在、一二団体が正会員として参加しています。日本最初のNPOバンクは一九九四年設立の未来バンク事業組合（東京都）、次いで女性・市民コミュニティバンク（九八年）で、この二団体を除けば、日本のNPOバンクは二一世紀に入って設立されています。北海道NPOバンク（二〇〇二年設立、北海道）、NPO夢バンク（〇三年、長野）、東京コミュニティ・パワー・バンク（〇三年設立）、コミュニティ・ユース・バンクmomo（〇五年に二〇～三〇代の若者が中心となって設立）、ピースバンクいしかわ（〇九年、金沢）、信頼資本財団（公益財団法人）、天然住宅バンク（〇八年、森林再生、国産木材による健康エコ住宅の普及を目指して設立)、難民起業サポートファンド、はちどりBANK@とやま、もやいバンク福岡です。また準正会員として、地域創造基金さなぶり(宮城県)、ふくしまNPOバンクなどが参加しています。その他に坂本龍一、ミスチルの桜井・小林といったアーティスト三人が出資して設立したapbank(〇四年、全国)がNPOバンク的に活動していますが、連絡会には参加していないようです。[21]

6. 通貨のリローカル化——地域通貨でつなぐコミュニティの輪

触れ合いを深める手段

通貨のリローカリゼーションとは「地域通貨」のことです。地域通貨は、特定の地域内で流通する補完通貨ですが、お互いに助け・助けられる関係を生み出す新しい相互扶助システムを生み出し、また地産地消の促進をもたらすため、地域内資源循環型経済が構築され、地域経済の活性化、コミュニティビジネスの推進に役立ち、リローカリゼーションへの重要な役割を果たすものとなります。

地域通貨は、日本においては二一世紀に入る頃大いに注目され、各地で導入されていきました。二〇〇二年頃、世界には約二〇〇〇、日本では一二〇程の地域通貨が導入されていました。[22]その後の動向について詳しくは分かりませんが、うまく行かなかった事例なども聞こえてきていました。二〇一一年一月時点の日本全国の地域通貨数は休止しているものを含め六六二件があるそうです。[23]このうちどれだけ現在活動しているかは不明です。他の先進国に比べると、日本の地域通貨数はかなり多いといえます。

ドイツでは全国に二八の地域通貨がありますが、さらに三七地域で準備が進められているとのことです。[24]日本でも、トランジションタウンの活動を通して各地で地域通貨が導入されるなど、地域通貨が再び活性化してきているとも感じられます。

相互扶助システムの構築と地域通貨

地域通貨の効用としては、①相互扶助精神とシステムのあるコミュニティの創成、②地域経済の活性化とコミュニティビジネスの促進、そして③法定（国家）通貨システムの欠陥や弊害などの補完、の三つがあげられるでしょう。

地域通貨は、基本的には寄付やボランティア労働等に対する対価（貢献の通貨）として発行されるものです。従ってＮＰＯや社会貢献活動に対する金銭的な貢献だけでなく、労働やボランティアによる貢献、あるいは情報提供・アドバイスによる貢献など、幅広い貢献を対象にしています。地域通貨を受け取るためには、まずはじめに『地域（あるいは人々）によいこと』をすること。その時に感謝の気持ち（貢献の証）として提供されるのです。

日本において最も典型的な地域通貨は、互いに助けられ、支え合うサービスや行為を時間や点数、地域やグループ独自の紙券あるいは通帳記載などに置き換え、これを「通貨」としてサービスやモノと交換し、循環させるシステムになっています。「円」などの「法定通貨」とは違った「もう一つのお金」ともいうべき働きをするもの（補完通貨）です。

地域通貨に参加すると、自分の「できること」「してほしいこと」を登録しておき、何か助けが必要な人に対して、自分の「できること」でお手伝いをし、自分が助けてほしい時には誰かに助けを求めることができます。つまり、地域通貨は、一方通行的にボランティアをして助けるだけではなく、自分も誰かに助けてもらうという、お互いに「助け・助けられる」関係を生み出す相互扶助システムを構築することになります。

地域通貨はこうして人々の間を循環していくことによって、地域での交流の輪が広がるきっかけとなり、自分のできる時に、できることで気軽に参加して、地域での支え合いを生み出します。リローカリゼーションとは、かつて私たちがもっていたコミュニティの相互扶助精神とシステムを回復することですが、地域通貨はまさにそうした公共福祉を拡大する手段の一つなのです。

別のいい方をすれば、地域通貨は、国家によってつくられた大きなシステムが抱える欠陥を補完するシステムをコミュニティによってつくり出すという機能を備えている可能性があるのです。この点では、リサイクル商品を独自に開発して市民間で流通させたり、原発や化石燃料に頼らない、太陽光、風力発電、バイオマスなどの自然エネルギーを増やすために行われているオルタナティブな市民活動の考え方と共通しています。多くの地域通貨がＮＰＯによって運用されているのも、こうした理由によるところが大きいといえます。

地域経済の活性化と地域通貨

地域通貨は地域で循環する仕組みとして機能し、地産地消を促進します。そのためベンチャーやコミュニティビジネス等を起こす人が増え、新たな雇用が生まれるなど、地域内資源循環型経済システムを構築することにつながります。そしてその消費パターンはこれまでの大量消費から、地域の生産力やサービス提供力の範囲内での「持続可能型消費」へと転換していくことが期待されます。

グローバル化した経済システムの中では、世界の市場と連動して物とサービスが流通し、お金は地域の境目なく流通しています。とりわけ過疎地域などでは地域の資金は地域に投資されず外部に流出しやすい仕組みになっています。これに対して地域通貨は、特定の地域・グループにおいてのみ通用することから、地域資本が流失してしまうような現象は起こらず、そのため地域内での相互扶助や地域資源を生かした新たなビジネスの機会をつくることにもなります。

地域通貨は生産する人と消費する人とが対等・互恵の関係にあり、消費する人はそれに相当するものやサービスの提供者でもあります。このことから、地域通貨を循環させることによって自律型のコミュニティが徐々に形成されてゆくことになります。さらに地域通貨の場合、信用創造は地域内の使用グループ内の信頼関係によるため、投機的活動とは無縁となり、自己責任と対等な人間関係の中での信頼関係が醸成されえます。加えて地域通貨を発行し、運用することによって経済システムの本質を知ることができるという学習効果も期待できます。

また、地域通貨は人々の信頼とボランタリーな活動・労働力を担保にしているため、市場経済システムから人々の生活をガードする役割を担う役割ももっています。投機を目的に、課税もされずに世界中を自由勝手に徘徊して実物経済を危機に陥れたり、あるいはパナマ文書の暴露で明らかになったような課税逃れの資金隠しをしたりするのを許すなど、現在の国際金融システムは私たちの生活からみると実質的に破綻しています。私たちの生活にとって激しい投機もたらす通貨の変動によるビジネスや生活へのリスクを、地域通貨による相互扶助関係によって緩和することができる可能性もあるでしょう。

グローバルスタンダードとされてきた市場競争至上主義が揺らぎ、生活の基盤は地域にあることが再認識され始めている中で、地域通貨はコミュニティ再構築のツールの一つとして、また地域経済を支える方法として注目すべきシステムだといえるのです。

多様な地域通貨の種類

地域通貨の信用創造（担保）はコミュニティ内（地域通貨参加者）の相互信頼ですが、地域通貨が「補完通貨」として一層幅広く、さらにビジネスをも巻き込んでいくとなると、通貨発行の条件の明確化や発行量の管理が必要となります。地域通貨への信頼性を担保するため、法定通貨との交換を担保する地域通貨もあります。交換分をストックしておく方式（償還費用積立額と連動、ドイツのキームガウアーやＲＥＧＩＯ）や、企業に担保を提供してもらう方式（スコットランドのＥＫＯ）、さらに開発途上国への資金援助の強化のための導入などへと広がっています。但し、地域通貨の共通点は、利子がつかないことです。

地域通貨の発行方法には、大きく分けて①紙幣発行型、②通帳記入型（電子処理を含む）、③小切手型、の三種類があります。紙幣発行型は、匿名性があり誰でもが現行通貨と同じような感覚で使えることや個人間取引で簡単にやりとりできるといった利点があります。但し、通貨を発行するという当初コストがかかります。通帳記入型の通帳や電子上でやりとりをする方式は、各個人の信用保証の連なりによって構成されるため、第三者が信用創造する必要がないと同時に、元手がゼロからでも交換が始められるというメリットがあります。他方、この方式は口座残高の管理がしにくいこと、通帳の場合は本人の自主管理になるためあいまいさが残りかねないなどが指摘されています。小切手型は海外で日常生活で使われている小切手と同じシステムで、支払いに地域通貨の小切手を切り、その小切手を事務局に送って集計する方式です。

地域通貨の発行方法として一番有名なのが、一九八三年にカナダで始められた「ＬＥＴＳ」（Local Exchange Trading System＝地域内交換取引システム）で、日本を含め世界各地に伝播しています。基本的仕組みは、会員は口座を設定し、取引結果をその口座に記録する（従って会員間のみの取引となります）。会員間で通貨（ポイント）を使える場としてマーケットなどを開催したりします。取引では購入者は支払額を小切手に書いて相手に渡すと、受け取った人はその小切手をポストに投函し、その取引を事務局に報告する形となります。事務局はその記録を口座に登録し、定期的に会報などで残高を報告する。現在ではインターネットによるオンラインで取引記録を提供しています。

ＬＥＴＳは原資の負担が発生しない画期的なポイント制であるため、企業自身もこの地域通貨を、寄付として手を離れるのではなく使用できます。地域通貨への参加は、参加各店（企業）が、いくらまで地域通貨を受け取るかという「コミットメント」次第です。従って、参加企業にとって地域通貨が店頭で利用される時まで、費用は発生しないと共に、参加店が利用する際も、価格の一五％あるいは二〇％といった具合に、各店にとって無理のない範囲で受け取ることができます。地域の商店街やタクシー会社、喫茶店やレストランなどが参加する事例が多くなっています。

他に有名なものとしては、一九八五年に米ワシントンで始まった、ボランティア時間を貯蓄する「タイムバンク」（時間銀行、旧タイムダラー）、法定通貨と交換可能なものとして、九八年にカナダのトロントで始まった「トロントダラー」や、英国のエコビレッジが開発した「ＥＫＯ」、スイスのヴィア銀行が導入した中小企業支援型地域通貨、広域的地域通貨として開発されたレギオ（ＲＥＧＩＯ）、地域経済活性化型の「キームガウアー」（ドイツ）、ブラジルでパルマス銀行が行っているマイクロクレジット型の地域通貨、等々が知られています。

7. その他のリローカル化の動き

リローカリゼーションの経済的側面について、典型的な分野について解説してきました。これら以外にもすべての分野で「地域回帰」の発想を展開することは可能です。例えば、以下のようなものも指摘できます。

衣のリローカリゼーション～フェアトレード

衣料のリローカル化とは、自然から産出された（オーガニックなど）原料と、地域の風土にあった伝統的衣料を取り戻すことです。

日本では現在では、衣料品のほぼ一〇〇％が開発途上国からの輸入になっています。その中で、とくにフェアトレードの衣料は、開発途上国の地域の人々と提携し、ローカル・ツー・ローカルを国際的につなげるものとして、食のみならず、衣においてもリローカリゼーション運動の中で重要な役割を担うものとなってきています。

フェアトレードにおける衣料原料、例えばオーガニックコットンは、綿花農家の生産（農家支援）から繊維加工（糸、織物）、さらにデザイン、縫製、そして販売まで、多様で長い生産ラインとなり、多くの技術移転と共に雇用機会をもたらします。

フェアトレードで取り扱う開発途上国の商品は、日本の農産品とは基本的にはバッティングせず、地産地消や産直のコンセプトと合致しています。フェアトレードは、リローカリゼーションを地球規模に広げ、結び合い、交流し、分かち合う運動となっています。

開発協力のリローカリゼーション

開発協力のリローカル化とは、一つはＯＤＡ（政府開発援助）の提供が二国間ルートや多国間ルートのみならず、ＮＧＯルートでも提供されることです。第３章でも紹介したように、ＯＤＡをＮＧＯへも提供していく仕組みは今や各国で導入されています。概ねＯＤＡ予算の一〇～二〇％以上はＮＧＯ経由で提供するようになっています。[25]

しかし、日本は依然として五％に満たないのではないかと思われます。ＮＧＯ経由の援助こそ、ローカル・ツー・ローカルの援助となります。また、自治体による開発協力への取り組みもその一つです。一九八五年にドイツのケルンで開催された「まちと開発（Town and Development）欧州会議」で提示された「ＣＤＩ」（地域主体型開発協力）、九二年のベルリン会議での「グローバル・ビレッジ（地球村）」（マイケル・シューマン）[26]、九五年のオランダのハーグで開催された国際地方自治体連合の世界大会で提示された「ＭＩＣ」（自治体の国際協力）などの自治体イニシアチブ構想が開発されてきました。各自治体（地域）によるＯＤＡの取り組みこそ新しい開発協力の展開に結びつくようになっています。[27]

福祉のリローカリゼーション～公共福祉

福祉のリローカル化とは、「公共福祉」のことです。互助精神の復活を踏まえ、地域の人々が支え合いつつ、自治体（政府）と協働して取り組むのが「公共福祉」の実践です。

農村共同体では高齢者が尊重されていましたが、市場経済・都市化中心社会では高齢化（老い）とは、〝排除される日が近づいていること〟を意味するようになってしまいました。人と人との精神的関係のあり方を踏まえた福祉の復活、それが福祉におけるリローカリゼーションの企図するところです。

かつては家族の愛によって支えられてきた福祉やケアが、政府によって一方的に代行される時代から、地域の互助精神と政府とが協働して行う形へと戻っていくことです。福祉は措置から契約へ変化してきていますが、福祉の本質たる「友愛」を地域のベースに置いた、新しい福祉の道を考えるのが「公共福祉」[28]の考え方です。

第4節　地域内循環型経済へ向けて
——レジリエンス（復元力）とリエコノミー（経済の再構成）とSDGs

リローカリゼーションの経済的側面の可能性についていくつか紹介してきましたが、さまざまな動きがあることはイメージいただけたかと思います。そこで、これらリローカリゼーションの動きが目指すものとは一体何なのかについて、最後にまとめておきましょう。

レジリエンス（復元力）

「リローカリゼーション」の定義として、トランジション運動では「地方、郡、都市、または自宅周辺がグローバル経済への過剰依存から脱し、それ自身の資源を投資して地域の金融・自然・人的資本から、消費するモノ、サービス、食料、エネルギーのかなりの部分を生産するプロセス」と説明しています[29]。

世界でリローカリゼーションについて語られていますが、その際とくに重要な言葉が二つあります。レジリエンス（resilience）とリエコノミー（REconomy）です。これはとくにトランジションタウン運動で語られている言葉ですが、今は誰もがどこでも使う言葉になってきています。とくにレジリエンスは、二〇三〇年を目標とする「ＳＤＧｓ（持続可能な開発目標）」の中に明記されたことから（目標九と一一）、今や世界が知る言葉となりました。

グローバリゼーションによって相互扶助や自然との交わりが剥奪され、地域は深く傷つきましたが、あるべきコミュニティの回復は、その地域がもっている「レジリエンス」（復元力）によって違いが生まれます。

レジリエンスとは、『トランジション・ハンドブック』[30]には、「生態学では外的衝撃やそれによって引き起こされた変化をかわす生態系の能力」、あるいは「一つのシステム――個人から経済全体までがもつシステム――が、変化や外部から衝撃を受けた時に起こす、機能を結合し維持する能力」と定義されています。そして「コミュニティや居住地にとってのレジリエンスとは、石油不足または食糧の不足が起きてもすぐには壊れない能力、そして障害に適応する能力」「かつて地域経済は今よりも多様性とレジリエンスに富んでいた。人々はみんな自分たちの使うエネルギーと食糧の生産拠点に深く結びついていた」と紹介されています。

レジリエンスの要素としては具体的に、そこに住む人々の能力や文化、社会資本、エコシステム、企業、風景、地域経済モデルの多様性・複合性、イノベーションなどをあげることができます。

経済のグローバル化によって、地域経済は疲弊してしまいました。シャッター街は日本だけの現象ではありません。英国のニューエコノミック財団の調査によると、英国内の調査対象一〇三の村や町のうち四二％が「クローンタウン」となっていると報告しています。[31] クローンタウンとは「個性ある商店街が、退屈で味気ないグローバルチェーンや全国展開チェーンに取って代わられ、小売商の心遣いがいとも簡単に国中どこにでもあるブランドに間違えられてしまう場所」と説明されています。

「地元ビジネスは瀕死の状態にあるが、私たちは今やっとその失ったものの重要性とそれがコミュニティと地域経済にもたらすレジリエンスに気づき始めたばかりである」「複合的で多様性のある地元経済は、数世紀にわたってコミュニティを支え、無意識のうちにレジリエンスの原則の上に立って営まれてきたが、グローバリゼーションの情け容赦ない勢力のために、解体されてしまっている」と指摘しています。

ピケティ理論

経済のグローバリゼーションによって、地域経済は中央の大企業に利益を吸い取られ、すっかり疲弊してしまい、経済格差もますます拡がっていってしまいました。これまでの経済理論では、「資本主義が成熟していけば格差は縮小していく」と信じ込まされていました。実際は全く逆であることを証明したのがトマ・ピケティです（『二一世紀の資本』[32]）。彼は、欧米を中心とする二〇カ国、三〇〇年分のデータを世界の研究者の共同作業で今までになかった集積・統計的に分析した結果を発表しました。

それによって「資本主義は永遠に貧富の格差を生み出す」こと、つまり格差の発生の必然性を立証したのです。資本主義経済下では、資本収益率（r）は経済成長率（g）を常に上回っている。つまり、資本（資産）をもっている者の資本収益率は、経済成長率（労働所得の成長率）より常に収益率が高いため、格差は広がっていくということを統計的に立証しました。同時に、トップ一〇％や一％の所得比率

（富の分配）を出し、格差が急速に拡大している実態も可視化しました。

r＞gが常に成立する限り、富の集中を自然に抑制する経済メカニズムは存在せず、所得格差と富の格差の拡大は一層大きくなります。このままでは戦後復興期の高成長が急激な人口増加や技術革新によって再現されない限り、われわれは一七〜一九世紀に経験した「世襲資本主義」の時代に戻り、不平等の拡大によって政治不安は高まり、民主主義が脅威に晒されることになります。それを回避するには「高率累進所得課税」やグローバルな富への課税（グローバル連帯税）などが必要であることを証明したのです。

これは経済学に新しいページが加わる歴史的瞬間でもありました。私たちがこれまで教えられてきた経済学では、ノーベル経済学賞をとったクズネッツのトリクルダウン理論が前提となっていました。「資本主義の初期段階では格差が拡大するが、一定レベルを超えれば、経済成長に伴って格差は縮小する」、つまり「資本主義が成熟すると格差は縮小する」という理論でした。お金持ちがお金持ちになれば、そのうちお金持ちでない下の人々にもお金が滴り落ちてくる（トリクルダウン）という考え方です。そして、「資本主義が発展すると所得格差は自動的に縮小し、受け入れ可能な水準に安定する」と指摘されてきました。格差の拡大は資本主義がまだ未成熟だからだと教えられてきたのです。教えられてきたというよりも、これが米ソ冷戦時代の米国側理論の支柱となってきましたし、クズネッツ理論が現代経済学の前提となっていたのです。

しかし、このクズネッツの分析は、第一次世界大戦以降の所得税の時系列データを分析し、所得格差のレベルが一旦上がって下がっている「逆U字曲線」を描き出した頃の短期間の分析により、「格差は縮まる」という仮説を述べたもので、データ期間の短さによる誤った解釈であることが分かったのです。

ピケティは、クズネッツ理論は、成長率gが資本収益率rより高かったのは戦争と恐慌という有事が関わった特殊な一時的現象であり、平時はいつもr＞gで格差が広がることを証明したのです。

三〇〇年の歴史の中で、一九一〇～一九五〇年の四〇年間のみ例外的に資本収益率は低下しましたが、それは、①二度の世界大戦による戦時国債（政府への多額の低利貸し付け）、②大恐慌による資産の減少、③戦後の高度インフレ（戦時国債は紙切れ同然へ）、④戦後の資本への課税強化（相続税の引き上げなど）、⑤植民地の独立に伴う資産収用、⑥戦争による不動産の破壊、などにより資産家の財力が大きく削がれたためです。そして、現代及びこれからの低成長と資産関係税率の低下によって、今後は一層格差が広がっていくと予測しており、それは現時点での格差の急拡大として証明されています。

これまでは所得の不平等ばかりが議論されてきましたが、富の不平等についての指摘はほとんどありませんでした。富は経済が拡大するよりも急速に増える。そのため事業や株式、債権、不動産を所有している人の下にお金が集中していく。結果的に一九世紀の欧州がそうだったように、相続財産が社会を支配する。今後人口減少していくと少数者に富が相続され富は一層集中する。資本主義は放任すると、「過去が未来を蝕む」。金持ちはもっと金持ちになることを、彼は歴史的データで明らかにしたのです。

今国際的に起きていることは、経済のグローバル化によって国家間の税制競争がますます激化し、資本への課税率は次第に低下してきているということです。それは格差を拡大させることにつながります。ピケティは資本主義が格差を生み出し、拡大させる諸悪の根源だと断罪しているわけではありません。「資本主義は格差を拡げる性質をはらんでいる」、従って意図的に格差を是正するための制度をつくらねばならないのだ、と彼は主張しているのです。

リエコノミー（経済の再構成）へ向けて――トットネスの事例

リローカリゼーションにおいて目指すものに、「リエコノミー／レコノミー」（REconomy）という言葉があります（「経済の再構成」と筆者は訳しています）。内容は「経済の地域内循環システム」の構築です。経済の地域内循環システムとは、グローバル化の中で破壊され中央に吸収されてしまった経済システムを、限りなく地域経済へ戻し、地域経済を再構成し直すこと、つまり経済の仕組みを地域に地域のお金が循環する仕組みへと新しくつくり直すことです。

トランジションタウンの発祥地の英トットネスでは、近年はこのリエコノミーを活動の中核の一つとして取り組んでいます。具体的にはどのような取り組みなのか、少し詳しく紹介しましょう。これらはトットネスでの完成版の事例ではなく、現在及びこれからの取り組みです。

一つは「安価な石油が到来する以前に私たちの住んでいる地域がいかに機能していたか」を知ることから始めています。地元素材の使用や地産地消などの農業活動はこの考え方の一環です。また、自分のコミュニティの文化的・社会的価値や生産基盤などを見直し、発見していく活動（あるもの探し）も盛んに行われています。さらに、レジリエンスを意識するために、レジリエンス指標の作成も行っています。食物の地産地消比率、トランジション活動への参加度、地域雇用比率、新築住宅の地域建材使用比率、地元住民所有ビジネス数、地域通貨の取引比率、等々です。

もう一つは、買物への取り組みです。日本でも全国展開のスーパーマーケットが地域の郊外や農地だった新開発地に開店し、それが地元の商店街のシャッター街化をもたらし、買物難民などの問題をもたらしていますが、トットネスにも全国展開のスーパーマーケットチェーンのモリソン社がこのまち唯一のスーパーとして広大な店舗と駐車場を構えており、トットネスの人々の総食品購買額の七〇％を獲得しているとのことです。

その結果、トットネスで消費される食品のうち六〇％以上は地元産ではなく、グローバルな食品を消費する形になっています。とくに高齢者と若い人はモリソンへ行きがちとなるとのことです。高齢者にとってはそこですべて間に合うし、若い人は自動車で行くことができるからです。

全国展開のスーパーでの買物は、世界中からその安さと便利さと知名度によって開発され、マーケティング広報によって販促された商品が棚に並び販売されています。ここで買うと、支払ったお金は全国展開の本社に吸収され、地元のお金はトットネスの地元から外に流出して行方はしれないことになります。広告や印刷や経理や商品開発も外の世界で効率よく行われ、地元では少数の雇用だけが行われるに過ぎません。

トットネスでは、「リエコノミー（経済の再構成）プログラム」を二〇一一年から開始しています。第一期は二〇一四年までで、現在第二期へと続いています。以下の主要四セクターについて、取り組みへの調査と提言を『ブループリント』として報告しています。主要四セクターとは、（a）食品、（b）住宅、（c）自然（再生可能）エネルギー、（d）ケアと健康です。この四つについて少し説明します(33)。
（a）「食品」――前述のようにトットネスには、唯一かつ巨大なスーパーマーケットのモリソンがあり、このまちの食品購買力（額）の七〇％を独り占めしています。そこでこの購買額の一〇％を地元商店での購入にシフトしていこうという運動を展開することにしました。
トットネス地域は食品に対して毎年二二〇〇万ポンドを支出しています。現在の消費の一〇％分を地域産出の農産品の消費に向けられれば、二〇〇万ポンド分以上の地域経済の引き上げとなります。英国のある調査会社は、ローカル（地産）の食品販売が一〇ポンド消費されると、ローカル経済にさらに二五ポンドの価値をもたらす（地域乗数効果二・五）と報告しているとのことです。地産の農産品を購入すると、そのお金は数回にわたり地域で使われるからです。

そして、ローカルの食品店は全国展開の大型スーパーマーケットに比べ、三倍の雇用を生んでいます。巨大スーパーのモリソンも地元の雇用に貢献していることにはなりますが、地域経済化が進めば雇用はもっと生まれるということです。さらに、地産地消（ローカルフード）は、フードマイレージを少なくするし、地域の質と多様性を向上させ、ビジネスとショップとの社会的関係を緊密化させます。

（b）「住宅」――まずはエネルギー効率の改善（改造）に取り組めば、合計二六〇〇万（最低）～七五〇〇万ポンド（最大）の価値をもたらし、七〇～一〇〇人のローカルでの雇用増につながると算出しています。最低の二六〇〇万ポンドのうち一〇％分を翌年実行すれば二六〇万ポンドが地域経済に付加されることになります。トットネスではこれまでまちなかの住宅の屋根に太陽光パネルを設置する「トットネス・ストリート」プロジェクトを実施してきました。この結果、当時は五〇〇棟程の建物の屋根に太陽光パネルを設置した結果、年平均五八〇万ポンドを倹約でき、一・二トンのカーボン排出を削減したということです。

（c）「自然（持続可能な）エネルギー」――太陽光、風力、バイオマスなどの自然エネルギーは、使用するところの限りなく近くで発電する地域分散型で、コジェネレーション（電熱併用）になることによって、エネルギーロスを大きく減らすと共に、地域経済に大きく貢献します。トランジション・トットネスの調査では、エネルギーを自然エネルギーに転換していくとトットネス全体（全世帯）のコミュニティ投資は毎年六〇〇万ポンド以上になると試算しています。とくに太陽光パネル技術の供給には三七〇人の雇用を生み出します。現在のエネルギー消費の一〇％を自然エネルギーに変えることができれば、毎年六〇万ポンドの経済を地域にもたらすだろうと報告しています。

（d）「ケアと健康」――このセクターはコミュニティのレジリエンスにとって非常に重要です。地域福祉（公共福祉）がしっかりすれば、コミュニティのケアが向上し、健康関連予算も削減され、個々人のソーシャルケアのニーズに対応したさらによいサービスの提供へ向かうことができます。ここでいう公共福祉（地域福祉）という考え方は、前述のように、行政／国と地域の市民（ＮＰＯ）とが協働してケアに取り組むという新しい考え方です。

リエコノミー・インキュベーション

トットネスでは、「リエコノミー」への取り組みを、①地域の人々をプロジェクトの立ち上げ段階で巻き込む、②調査（リサーチ）を活用して問題意識を高める、③ネットワークを通して新しいアイディアを生み出す、④地域ビジネスの起業を支援する、という方針に基づき行っています。

リエコノミー関係のプロジェクトとして、「ビジネスインキュベーター・プロジェクト」（新しい投資家に対するオフィス拠点の貸与で、市役所が使っていない建物を借りて立ち上げ）、「ローカル企業家フォーラム」（地元経営者の交流会）、「地域通貨」「リサイクリング」などを行っています。

また、「フードリンク・プロジェクト」も立ち上げています。地元の商店はかつかつでやっています。できれば地元のものを扱いたいとは思ってはいますが、しかし商店としては欲しい時に手に入る全国チェーンから仕入れることにどうしてもなってしまいます。そこで「フードリンク」というプロジェクトを開始し、地元の生産者と商店との間をとりもつ仕組みを立ち上げることにしました。この立ち上げへの話し合いの場には地元の人々七〇人が集まったということです。

この具体的な成功事例の一つとして、ケータリング・ビジネス会社を女性二名が立ち上げるのを支援しました。地元産の産品のみを使用することをコンセプトにした店です。そのためその時手に入る農産品が中心となるため、事前に明確なメニューをつくれませんので、何が出せるかはその時の生産者の状況によります。それを前提にしたケータリングとなっています。このビジネスモデルも人気となり、伸びているとのことです。

地域から日本を変革していく――世界とつながる市民自治のまちづくり

私たちの日本を普通のくにに変えていくために、私たちが改めて明確に意識すべきことは、地域（ローカル）からの発想です。国会のある中央（東京）に訴え、中央から変えていく方式も従来以上に大切ですが、地域から日本を普通の民主主義国に変えていこうとする考え方と行動も、両輪の一つとして大切なのだと自覚することです。市民自治のまちを地域からつくり上げていくことです。

そのためにはまず第一に、みんなで議論をする場、民主主義って何だと議論をする「公共圏」を地域につくっていく運動が必要です。そして第二に、公共益／地域益について合意し、それに基づいて行政や地域経済界とも対等な関係で話し合い、合意をつくっていく「オランダモデル」を地域につくり上げていく活動です。

そして地域経済を再構成（リエコノミー）していき、グローバリゼーション化し過ぎた経済（市場経済）を改革していき、人々の生活基盤である地域コミュニティに相互扶助の精神とシステムをつくり上げていく。それがリローカリゼーション（地域回帰）の道です。

こうした地域が各地でつくり上げられることによって、点が線となり面となり、日本を変えていき、日本全体が本質的に変わっていくというビジョンを描くことができます。

その際に、これも繰り返しになると思いますが、忘れてならないポイントは、自分のコミュニティさえよければいいという、かつての「おらが村」意識に陥らないよう十分自覚することです。そのためには、地域での活動が世界の「他者」とつながりつつ進められることが重要なのだと思います。

世界には多くの課題があります。貧困、地球温暖化、石油依存社会の終焉（ピークオイル）、経済のグローバリゼーションを通した格差の拡大が代表的なものです。これら課題への対応は、世界はSDGs（持続可能な開発目標）によって、二〇三〇年まで取り組んでいくことを決意しています。

SDGsのローカルアジェンダへ

世界には多くの課題があります。貧困、地球温暖化、石油依存社会の終焉（ピークオイル）、経済のグローバリゼーションを通した格差の拡大、医療の不備、難民問題等々、そして戦争。これら課題への対応として、二〇三〇年までに世界がパートナーショップを組んで一定の解決を図るべく、二〇一五年の国連総会で合意したSDGs（エス・ディィ・ジーズ／持続可能な開発目標＝Sustainable Development Goals）に取り組んでいくことを決意しています。これらの世界の課題は、国レベルでの課題であることはもちろんですが、同時に各々のローカル（地域）が直面している課題でもあります。

世界（他者）とつながるリローカリゼーション運動を展開していくためにも、私たちはまずSDGsの一七の目標（表3）を、各地域で私たち自身が読み込み、熟議し、取り組むべきだと決意することが必要なのではないかと思います。自分たちのローカルの現状を分析し、世界の現状を分析し、双方の解決に向けて取り組む決意をすることです。それによって、私たちは自分たちの地域の問題をより良く知

表3　持続可能な開発目標（SDGs）（2016～2030）

目標1.	あらゆる場所のあらゆる形態の貧困を終わらせる
目標2.	飢餓を終わらせ、食料安全保障及び栄養改善を実現し、持続可能な農業を促進する
目標3.	あらゆる年齢のすべての人々の健康的な生活を確保し、福祉を促進する
目標4.	すべての人に包摂的かつ公正な質の高い教育を確保し、生涯学習の機会を促進する
目標5.	ジェンダー平等を達成し、すべての女性及び女児の能力強化を行う
目標6.	すべての人々の水と衛生の利用可能性と持続可能な管理を確保する
目標7.	すべての人々の、安価かつ信頼できる持続可能な近代的エネルギーへのアクセスを確保する
目標8.	包摂的かつ持続可能な経済成長及びすべての人々の完全かつ生産的な雇用と働きがいのある人間らしい雇用（ディーセント・ワーク）を促進する
目標9.	強靱（レジリエント）なインフラ構築、包摂的かつ持続可能な産業化の促進及びイノベーションの推進を図る
目標10.	各国内及び各国間の不平等を是正する
目標11.	包摂的で安全かつ強靱（レジリエント）で持続可能な都市及び人間居住を実現する
目標12.	持続可能な生産消費形態を確保する
目標13.	気候変動及びその影響を軽減するための緊急対策を講じる
目標14.	持続可能な開発のために海洋・海洋資源を保全し、持続可能な形で利用する
目標15.	陸域生態系の保護、回復、持続可能な利用の推進、持続可能な森林の経営、砂漠化への対処、ならびに土地の劣化の阻止・回復及び生物多様性の損失を阻止する
目標16.	持続可能な開発のための平和で包摂的な社会を促進し、すべての人々に司法へのアクセスを提供し、あらゆるレベルにおいて効果的で説明責任のある包摂的な制度を構築する
目標17.	持続可能な開発のための実施手段を強化し、グローバル・パートナーシップを活性化する

出所：外務省ホームページ

ることができますし、より良く取り組めることでしょう。そして、世界の問題に対しても同様です。

一九九二年にブラジルのリオ・デ・ジャネイロで開催された地球サミットにおいて採択された、地球環境問題に取り組む「行動計画（リオ宣言）」には、各国内の地域でも行動するよう「ローカルアジェンダ」が策定、推進され、日本の自治体でも取り組み計画を策定したところがかなりありました。

今回のSDGsにはそうしたローカルアジェンダによる取り組みが提示されていませんし、今のところそうした声も聞こえてきません。リローカリゼーション（地域回帰）の時代へ向けて、私たちの世界と地域の課題に同時的に取り組んでいく姿勢が求められているのだと思います。SDGsへの思いが、世界の各地の市民たちが議論し取り組んでいくことが、市民社会のつくり方への道となるのだろうと思います。各自治体において、それぞれの市民団体がSDGsを読み、議論し、自分たちの取り組みについて評価、再検討することが望まれます。

注

（1）コミュニティ（共同体）については、ジェラード・デランティ『コミュニティ――グローバル化と社会理論の変容』（山之内靖／伊藤茂訳、NTT出版、二〇〇六年）（原書 *Community* 二〇〇三年）など参照。また、ここで指摘している日本とヨーロッパの「共同体」論については、内山節『共同体の基礎理論――自然と人間の基層から』（農文協、二〇一〇年）参照。

（2）ヘレナ・ノーバーグ=ホッジ『ラダック 懐かしい未来』山と渓谷社、二〇〇三年（原書 *ANCIENT FUTURES* 一九九一年）。また、ヘレナらによってラダックの人々を取り上げたドキュメンタリー映画『幸せの経済学』（二〇一〇年）が製作され、日本各地で自主上映会が開催されるなど話題となった。

（3）Renewable energy は「再生可能エネルギー」と訳されることが多くなったが、日本語としては「自然エネルギー」の方がより正しい意図が伝えられると考え、筆者は「自然エネルギー」と表記する。

（4）エリザベス・ヘンダーソン氏の講演「ＣＳＡ地域の農民と消費者が手をとりあって」二〇〇二年。日本有機農業研究会『広めよう 提携とＣＳＡ——第三回アジア・オルタナティブ・マーケティング研修会報告』二〇〇四年。

（5）オールボー憲章（Aalborg Charter）は、一九九四年に欧州の自治体を中心にした約六〇〇団体が、環境保全、経済発展、社会的公正・平等の三点を実現するサステイナブル都市の実現を誓ったもの。ローカルアジェンダ行動計画の策定などを求めた。調印都市は現在二五〇〇自治体を超えている。

（6）「神戸市復興活性化推進懇談会報告書」（一九九九年）に自律的な生活圏としての「コンパクトタウン」が構成単位としてあり、それらがネットワークをなす形で連携した構造として「コンパクトシティ」が構想されていた。神戸市『阪神・淡路大震災の概要及び復興』平成二三年一月 http://www.city.kobe.lg.jp/safety/hanshinawaji/revival/promote/img/ honbun.pdf

（7）一九九八年に導入された、①中心市街地活性化法（中心市街地における市街地の整備改善及び商業等の活性化の一体的推進に関する法律）、②大店立地法（大規模小売店舗立地法）、③改正都市計画法（都市計画法の改正）の三法で、二〇〇六年に一挙に改正された。

（8）「交通の格差社会」は、国土交通省『交通基本法の制定と関連施策の充実に向けて——中間整理について』（二〇一〇年三月）参照。

（9）「原風景」については、長島孝一『風土と市民とまちづくり——ちいさなマチ逗子のものがたり』（鹿島出版会、二〇一六年）参照。

（10）オランダ建築博物館主催の日本建築展のカタログの中での大野秀敏教授（東京大学新領域創成科学研究科環境学専攻）との対談における長坂の発言。Japan. Towards Total Scape-Contemporary Architecture, Urban Design and Landscape. *Japanese Landscape Today: A dialogue with Toshihisa Nagasaka and Hidetoshi Ohno*, edited by Moriko Kira and Mariko Terada, Nai Publishers, 2000

（11）伊東豊雄『風の変容体――建築クロニクル』青土社、一九九九年、同『「建築」で日本を変える』集英社新書、二〇一六年、等

（12）山本理顕／中村拓志ら編著『地域社会圏モデル』ＩＮＡＸ出版、二〇一〇年、山本理顕編著『地域社会圏主義』ＩＮＡＸ出版、二〇一二年一月

（13）大野秀敏「ファイバー都市二〇五〇」は、TOKYO 2050 fiber city, *The Japan Architect Autumn* 六三号、一～一三六頁（全巻特集号）、新建築社、東京、二〇〇六年一〇月

（14）隈研吾『対談集 つなぐ建築』岩波書店、二〇一二年三月

（15）伊東豊雄・中沢新一『建築の大転換』筑摩書房、二〇一二年二月

（16）五十嵐太郎『被災地を歩きながら考えたこと』みすず書房、二〇一一年一一月、五十嵐太郎「三・一一以降の建築展を通じて今後を考える」『ＲＥ（特集 安全＋安心）』№一七五、二〇一二年七月号、建築保全センター

（17）前掲書、隈研吾『対談集・つなぐ建築』http://www.iti.or.jp/

（18）伊東豊雄の発言の引用は前掲書、伊東豊雄／中沢新一『建築の大転換』参照。

（19）グローバル税／国際金融取引税については、長坂寿久「第Ⅸ章 革新的資金調達メカニズムへの道」『ＮＧＯ発、「市民社会力」――新しい世界モデルへ』（明石書店、二〇〇七年）参照。

（20）ソーシャルビジネス／ソーシャルファイナンスについては、長坂寿久「第一〇章 ソーシャルビジネスとソーシャルファイナンス」『ＮＧＯ・ＮＰＯと「企業協働力」――ＣＳＲ経営論の本質』（明石書店、二〇一一年）参照。

（21）日本のＮＰＯバンクに関しては、全国ＮＰＯバンク連絡会のＨＰの資料及び各ＮＰＯバンクのＨＰを参照した。全国ＮＰＯバンク連絡会のホームページは、http://npobank.net/documents.html。参考資料としては、田中優編著『おカネが変われば世界が変わる――市民が創るＮＰＯバンク』（コモンズ、二〇〇八年）、藤井良広『金融ＮＰＯ』（岩波書店、二〇〇七年）、田中優＋Ａ ＳＥＥＤ ＪＡＰＡＮエコ貯金プロジェクト編『おカネで世界を変える三〇の方法』（合同出版、二〇〇八年）等。

（22）長坂寿久「第五章 地域通貨におけるＮＰＯと企業の協働」『ビジネス開発等におけるＮＰＯの役割と活動に関する

調査研究』（財）産業研究所、二〇〇二年
（23）「地域通貨全リスト」http://cc-pr.net/list/（休止中・準備中を含む模様）
（24）http://webronza.asahi.com/global/2012082100002.html
（25）ODAのNGO経由による提供については、長坂寿久「第X章 ODAとNGOの協働」『NGO発、「市民社会力」——新しい世界モデルへ』（明石書店、二〇〇七年）参照。
（26）Michael Shuman, *Towards a Global Village: International Community Development*, Pluto, 1993
（27）この点での参考文献として、一般社団法人国際貿易投資研究所の『開発途上国のコミュニティビジネス開発と日本の対応報告書』平成二七年度、及び『中小企業の参入を促すBOPビジネスモデル調査報告書』平成二六年度参照。
（28）「公共福祉」については、稲垣久和『公共福祉という試み——福祉国家から福祉社会へ』（中央法規社、二〇一〇年）、同『公共福祉とキリスト教』（教文館、二〇一二年）など参照。
（29）Rob Hopkins, *Transition Handbook—from oil dependency to local resilience*, Green Books, 2008,（邦訳『トランジション・ハンドブック——地域レジリエンスで脱石油社会へ』城川桂子訳、第三書館、二〇一三年、七一頁）。なお、この「レジリエンス」の概念は、経済学的には宇沢弘文の「社会的共通資本」の概念で説明できる。地域における社会的共通資本の蓄積度と言い換えられよう。宇沢弘文『社会的共通資本』岩波新書、二〇〇〇年。
（30）前掲ロブ・ホプキンス、その他に以下などがある。
・Rob Hopkins, *The Power of Just Doing Stuff—How local action can change the world*, Green Books, 2013
・Rob Hopkins, *The Transition Companion — Making your community more resilient in uncertain times*, Green Books, 2011
・Chris Bird, *Local Sustainable Homes*, Green Books, 2010
・Peter North, *Local Money—How to Make it Happen in your Community*, Green Books, 2010
・*Fiona Ward, Totnes & District Local Economic Blueprint*, REconomy Project, Transition Town Totnes, 2013等
（31）*Clone Town Britain*, The New Economic Foundation, 2005

（32）トマ・ピケティ『二一世紀の資本』みすず書房、二〇一四年（*Le Capital au XXIe Siecle* by Thomas Piketty, 2013)

（33）Fiona Ward, *Totnes & District Local Economic Blueprint*, REconomy Project, Transition Town Totnes, 2013及びインタビュー等

※本章第3節における各「リローカル化」の詳細は、一般財団法人国際貿易投資研究所の『季刊 国際貿易と投資』長坂寿久「リローカリゼーション（地域回帰）の時代へ」の以下の連載を参照されたい。

第一回：「三・一一後の日本と世界のビジョンへ向けて――リローカリゼーション（地域回帰）の時代へ（その一）」『季刊 国際貿易と投資』二〇一一年夏号、№八四

第二回：「世界で急進展するエネルギーの「リローカル化」――リローカリゼーション（地域回帰）の時代へ（その二）」同二〇一一年秋号、№八五

第三回：「日本の脱原発・自然エネルギー一〇〇％シナリオ――リローカリゼーション（地域回帰）の時代へ（その三）」同二〇一一年冬号、№八六

第四回：「食のリローカル化（一） ファーマーズマーケット――リローカリゼーション（地域回帰）の時代へ（その四）」同二〇一二年春号、№八七

第五回：「食のリローカル化（二） 有機農業と放射能汚染――リローカリゼーション（地域回帰）の時代へ（その五）」同二〇一二年夏号、№八八

第六回：「住・建築のリローカル化 三・一一後の建築とコミュニティの創生――リローカリゼーション（地域回帰）の時代へ（その六）」同二〇一二年秋号、№八九

第七回：「通貨のリローカル化 地域通貨でコミュニティの創成――リローカリゼーション（地域回帰）の時代へ（その七）」、同二〇一二年冬号、№九〇

第八回：「金融のリローカル化 ＮＰＯバンク――リローカリゼーション（地域回帰）の時代へ（その八）」同二

〇一三年春号、№九一

第九回：「交通のリローカル化　コンパクトシティとタウンモビリティ――リローカリゼーション（地域回帰）の時代へ（その九）」、同二〇一三年夏号、№九二

第一〇回：「ＮＧＯのリローカル化運動（一）　トランジションタウンの展開――リローカリゼーション（地域回帰）の時代へ（その一〇）」、同二〇一四年春号、№九五

第一一回：「ＮＧＯのリローカル化運動（二）　フェアトレードタウンの展開（前編）――リローカリゼーション（地域回帰）の時代へ（その一一）」、同二〇一四年夏号、№九六

第一二回：「ＮＧＯのリローカル化運動（三）　フェアトレードタウンの展開（後編）――リローカリゼーション（地域回帰）の時代へ（その一二）」、同二〇一四年秋号、№九七

あとがきにかえて──新しい市民運動としてのフェアトレードタウン

フェアトレードタウンの基準

逗子市は今年（二〇一六年七月一六日）、フェアトレードタウンに認定されました。

フェアトレードは、すでにご承知の方も多いと思いますが、「買物を通した開発協力」「一番身近な海外協力」です。開発途上国の農家や零細生産者、女性など疎外された生産者の自立支援を目的としています。適正な価格での買取り、前払い、技術支援や商品の共同開発のみならず、現地生産者団体の民主的運営、児童労働禁止などの労働環境への対応や現地産出原料や伝統文化や環境を大切にすること、情報の提供などがその明確な基準となっています。

同時にフェアトレードは、ソーシャルプレミアムと呼ばれる社会開発などの資金提供を目的とする奨励金（仕入価格の一部に組み入れる場合が多く、生産協同組合など生産者団体に提供されるもので、その使徒については組合員で民主的に話し合って決められる）の供与や、環境保護や民主的運営などを通して、単に生産者の所得の向上のみならず、そこに住む人々の生活改善を含む「コミュニティ開発」がそのビジネスモデルに組み込まれています。学校や図書館や診療所を建てたり、奨学金や井戸や道路づくりなど、コミュニティ全体の生活環境の向上を目指します。

さらに、フェアトレードは国際産直運動です。熱帯地域の途上国農産品と温帯の日本の農産品とは基本的にはバッティングしません。その点で日本の農家を大切にすることや、地産地消、産直運動などと理念を分かち合っています。三・一一の東日本「大災害」ではネパリ・バザーロ、シャプラニール、パルシックなど日本の代表的なフェアトレード団体が救援と復興支援に大活躍をしました。途上国での取り組み経験が災害救援や復興支援に有効であることが立証されることにもなりました。熊本地震でもフェアトレードのネットワークで支援を行ったりしています。

また、国内でのフェアトレード活動は、地産地消運動や地元の障がい者施設などと連携しているケースも多くなっています。これらは「国内フェアトレード」と呼ばれるようになっています。国内フェアトレードは近年開発途上国内において最も伸びている販路になっていますが、日本国内でも使われるようになってきています。

世界のNPO活動は今、第4章で紹介したように、「リローカリゼーション（地域回帰）」へ向かう活動が興隆しています。フェアトレードタウンやトランジションタウン、ローカルフード（地産地消）等々。他方、私たち先進国のコミュニティにも、高齢者、育児、医療、格差（貧困）、自殺等々多くの問題があります。経済のグローバリゼーションは格差や地球環境問題などをもたらし、私たち自身の生活を見直すべき時代を迎えています。こうした地球的諸課題に対応するため、前述のように世界は二〇三〇年までの目標として、SDGs（持続可能な開発目標）に合意し、取り組みを始めています。

そんな私たちには、自然と寄り添って暮らす途上国のむらの人々の生き方は大いなる意味をもち、学ぶべきものが多くあります。フェアトレードタウンとは、途上国のコミュニティ（むら）と先進国のコミュニティ（まち）とが、お互いの英智と心意気を合わせて（市民社会力）、一緒になって、お互いのコミュニティをより良くしていく協働・共生の活動なのです。

二〇〇〇年に英国から始まり、またたく間に英国内、欧州各国、米加、オセアニア、そして開発途上国を含め世界に波及、現在では二八カ国で一八三〇以上（二〇一六年八月現在）の都市・まちが宣言をしています。その中には、ロンドンやローマなどの大首都から開発途上国のタウンまで広がっています。

フェアトレードタウンに認定されるためには日本では六つの基準をクリアする必要があります。タウン運動は市民活動がベースとなり、それを推進し、活動する市民の団体があり（基準1）、イベントの実施や広報などしっかり活動していること（基準2）、地域内での企業や事務所などでもフェアトレード商品が使われていること（基準3）、自分たちのコミュニティをより良くしようと活動している他の市民団体と連携して活動し、地域の活性化に貢献していること（基準4）、フェアトレード商品を買える店（ショップ）が人口に対し一定数あること、フェアトレード商品の販売額が五〇％以上を占めるフェアトレード専門ショップが一店舗以上あること（基準5）、そして市議会でのフェアトレード支持決議と首長（市長など）の公式声明が行われること（基準6）、この六点を達成する必要があり、なかなかハードルの高そうな条件となっています。

世界とつながるボトムアップのまちづくり

フェアトレードタウンは、日本の市民運動にとってはとくに重要な意味をもっていると思います。日本でも、コミュニティをより良くしていこうとする市民活動は今や実に多くあり、非常に活発に活動しています。しかし行政の政策や運営は依然ほとんどといっていいほどにトップダウンで進められているように感じられます。公募という名で市民委員が参加したり、パブリックコメント（公聴）という名で市民の声を聴取する機会はありますが、市民が中心になってまちの姿・政策をつくっていくということはまだ定着していません。まちづくり（都市）計画ですら、行政が案を作成し、その後市民に開示するケースが依然多いようです。

フェアトレードタウンは、それを推進する市民団体がベースとして存在し、その活動を通して、まちの姿（政策）を、フェアトレード理念を支持し推進するまちへとつくり上げていくことを意味します。ボトムアップのまちづくりです。

日本ではフェアトレードタウンは、熊本市（二〇一一年）と名古屋市（一五年）が認定を受けており、逗子はこれに続く三番めのタウンであり、関東でははじめての認定です。しかも名古屋、熊本の大都市と違い、人口五万八〇〇〇人の小さなまちとしてもはじめてです。

私たちのまち逗子がフェアトレードタウンになるということは、私たちのまちが、「世界とつながり、平和に貢献するまち」「世界とつながる市民主権のまちづくり」を目指すまちとなるために、フェアトレードの理念を支持し推進する「フェアトレードタウン」を公式に宣言したのです（この二つの「世界につながる」が逗子フェアトレードタウンの標語になっています）。

自分のまちさえよければいいという「おらがムラ」意識に陥らないよう、世界の「他者」と結び合って（自分たちのコミュニティに「他者」をインクルージョンする）、お互い協力し合ってより良いまちにしていく、そうしたまちをつくっていくという宣言を、他の市民団体と共に活動しつつ宣言したのです。

本書でご紹介してきたように、みんなで話し合いつつ公共圏を広げながら展開する市民運動として、オランダモデルのように自治体や地元の商工会などと協力して展開する運動として、そして世界とつながるリローカリゼーションの視点をもちながら、まさにトップダウンではなく、ボトムアップのまちづくりの一つの運動がフェアトレードタウンなのです。日本にとって、やっとそうしたまちづくり運動の時代が来たということなのだと感じています。

＊＊＊

本書を手にとっていただきありがとうございます。

この本が出版に至るには、いつもながら明石書店の大江道雅氏にお世話になりました。明石書店での私の最初の本、『日本のフェアトレード』以来、七冊めです。どの本も大江氏の尽力で生み出していただきましたが、この度は明石書店社長としてお世話になり、新しい時代を感じています。

私にとっては、この本は私がこれまで考えてきた、市民社会論の結論的な最終版のようなものであり、私自身の人生の結論のようにも感じています。こうした機会をくださった大江氏に大いなる感謝の意を示したいと思います。なお、編集は岡留洋文さんにお世話になりました。丁寧に編集してくださり、ずいぶん読みやすいものになったと感謝しています。

また、本書を書き上げるに至るには、とくにお二人に感謝したいと思います。一人は世古一穂さんです。ＮＰＯについて考える先達であり同志でしたが、多くの示唆を受けました。「つぶやきを形に、思いをしくみに」という世古さんの言葉は、私自身のＮＰＯ活動を考える原点となっています。

もう一人は、稲垣久和先生です。本書を含め公共哲学の先達として、先生のいくつかの研究会に参加させていただき、実に多くを学ばせていただきました。ここに書いた私の公共哲学論は生半可で、先生の意に添うものかどうか分かりませんが、勝手ないい方をすればその多くは先生から学んだものです。稲垣先生にはオランダ論でも深く関わることになりました。

本書執筆の意図は、公共哲学と市民社会活動とをドッキングすることにあります。公共哲学者は当然ながら市民活動に強い関心をもっており、視野に入っています。しかし、ＮＰＯ側から書いた公共哲学の本がないことに気づき、何か貢献できるのではと考え書いたのが本書です。

どうか、この本を楽しんでいただければ幸せです。

二〇一六年一一月

長坂　寿久

〈著者紹介〉

長坂 寿久（ながさか　としひさ）

（一財）国際貿易投資研究所客員研究員、逗子フェアトレードタウンの会代表理事。

神奈川県逗子市生まれ。明治大学政経学部卒、現日本貿易振興機構入構、シドニー、ニューヨーク、アムステルダム駐在。1999年拓殖大学国際開発学部（現国際学部）教授、国際関係論（NPO・NGO論）、2013年退任。

（公益財団法人）プラン・インターナショナル・ジャパン理事、認定NPO法人シャプラニール評議員、認定NPO法人ACE（児童労働問題）評議員等。神奈川県ボランタリー活動推進基金審査会（会長）、かながわ協働推進協議会（座長）等。映画評論家。

主な著書に、『NGO・NPOと「企業協働力」――CSR経営論の本質』（2011）、『NGO発、「市民社会力」――新しい世界モデルへ』（2007）、『日本のフェアトレード――世界を変える希望の貿易』（編著、2008）、『世界と日本のフェアトレード市場』（編著、2009）、『オランダを知るための60章』（2007）、『映画で読む21世紀』（2002）［以上明石書店］、その他『オランダモデル』（日本経済新聞社、2000）、『ユーロ・ビッグバンと日本のゆくえ』（集英社、2000）『ベビーブーマー』（サイマル出版会、1988）等多数。共著に『アクセス 公共学』（山脇直司他編、日本経済評論、2010）、『グローバル協力論入門』（上村雄彦編著、2014）等。

新市民革命入門
――社会と関わり「くに」を変えるための公共哲学

2016年11月30日　初版第1刷発行

著　者　　長　坂　寿　久
発行者　　石　井　昭　男
発行所　　株式会社明石書店

〒101-0021 東京都千代田区外神田6-9-5
電　話　03（5818）1171
ＦＡＸ　03（5818）1174
振　替　00100-7-24505
http://www.akashi.co.jp

装丁　明石書店デザイン室
印刷／製本　モリモト印刷株式会社

ISBN978-4-7503-4432-4
Printed in Japan　（定価はカバーに表示してあります）